완전한 깨달음

완전한 깨달음

초판 1쇄 발행일 2015년 8월 28일
4쇄발행일 2023년 9월 18일

지은이 아디야샨티
옮긴이 심성일

펴낸이 김윤
펴낸곳 침묵의 향기
출판등록 2000년 8월 30일, 제1-2836호
주소 10401 경기도 고양시 일산동구 무궁화로 8-28
      삼성메르헨하우스 913호
전화 031) 905-9425
팩스 031) 629-5429
전자우편 chimmukbooks@naver.com
블로그 http://blog.naver.com/chimmukbooks

ISBN 978-89-89590-53-8 03220

* 책값은 뒤표지에 있습니다.

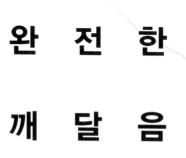

완 전 한

깨 달 음

아디야샨티 지음
심성일 옮김

침묵의 향기

*일러두기: 본문의 각주는 모두 번역자의 주석이다.

아래의 모습들을 통해 나 자신의 참나를 나에게 비추어 준
깨어 있음의 빛에게 바칩니다.

아비스 저스티

자쿠쇼 콸 로시

니사르가다따 마하라지

차례

서문

선승(禪僧)이었을 적에 나는 '살아 있는 말'과 '죽은 말'을 구별하는 법을 배웠다. 우리가 읽거나 듣는 대부분의 말들은 개념에서 비롯되고 마음에 호소하려 한다는 점에서 '죽은 말'들이다. 하지만 물론 그러한 '죽은 말'들도 상대적인 수준에서는 중요한 역할을 한다. 겉보기에 존재하는 듯한 사물들과 사람들의 세상에서 우리가 잘 살아가도록 돕기 때문이다.

그러나 몸-마음 너머의, 상대적인 현실이 일어나고 머무는 근원을 가리켜 보이기 위해서는, 위대한 불이론(不二論) 스승들과 성자들의 가르침에서 볼 수 있는, '살아 있는 말'이 필요하다. 예를 들면, 라마나 마하리쉬[1]나 티베트 불교의 스승 틸로빠[2], 중국 선종의 3대 조사(祖師) 승찬[3]의 말에는 마음을 멈추고 가슴을 밝혀서 진정한 우리 자신이 무엇인지를 빠르게 드러내는 힘이 있다. 금강승(金剛乘)[4] 불교에서는 이러한 말을 가르침의 골수 또는 지혜의 핵심이라고 부른다. 장 클랭[5]의 표현대로, 그런 말들은 그들이 흘러나온 근원의 향기로 가득 차 있다.

살아 있는 말이 전해지는 공간을 삿상(satsang)이라 하는

---

1 라마나 마하리쉬(Ramana Maharish, 1879~1950)는 흔히 붓다나 예수, 크리슈나와 같은 존재라고 칭송되는 근세 인도의 성자이다. 마하리쉬는 특별한 수행을 하지 않았지만 17세 때 에고가 소멸하는 체험을 한 뒤 평범한 소년에서 성자로 변모했다. 그는 자기탐구가 깨달음에 이르는 직접적인 길이라고 가르쳤으며, 이 가르침은 적잖은 이들을 깨어남의 길로 인도했다.

2 틸로빠(Tilopa, 988~1069)는 인도 벵갈 출신 탄트라 수행자이자 마하무드라 수행법의 개발자이다. 불교 금강승(金剛乘)의 승려였으며, 나로빠-마르빠-밀라레빠로 이어진 그의 법맥은 티베트 불교 카규파(Kagyu lineage)를 형성하게 된다.

3 승찬(僧璨, ?~606) 대사는 보리달마, 혜가에 이어 중국 선종의 3대 조사이자 〈신심명(信心銘)〉의 저자로 알려져 있다.

4 금강승(Vajrayana, 金剛乘)은 탄트라 불교(밀교)라고도 한다. 인도와 인도 인접 국가, 특히 티베트에서 독특하게 발전한 불교 형태. 금강(金剛 : 산스크리트로 vajra이며, vajra는 '금강' 또는 '번개'라는 뜻)이란 인간 속에 내재하는 절대적으로 진실하며 파괴되지 않는 어떤 것을 가리키며, 승(yāna)은 궁극적으로 가치 있고 파괴되지 않는 것에 대한 정신적인 추구이다.

5 장 클랭(Jean Klein, 1912~1998)은 프랑스 출신의 저술가이자 영적 지도자. 흔히 장 클라인이라는 이름으로 불린다. 불이론(Advaita) 철학자이다. 그에 의하면 우리가 우리 자신의 진정한 본성, 곧 '내가 있음'이란 순수한 의식에 스스로를 개방할 수 있는 것은 오직 자연스러운 내적 침묵의 상태에 머물 때라고 한다.

데, 삿상이란 원래 '진리 안에서 함께함'이라는 뜻이다. 그러므로 우리가 진리에 관한 이야기를 나눌 때 우리는 삿상을 이루고 있다. 삿상에서 나눈 대화를 모은 이 책에서, 아디야샨티는 스스로를 살아 있는 말을 하는 스승으로 드러낸다. 그는 오랫동안 미국의 여러 선사(禪師)들에게 배우고 수행했음에도 불구하고 전문적인 선불교 용어를 사용하지 않는다. 사실, 과거의 위대한 선사들과 마찬가지로 그는 관습적인 불교 담론의 한계를 돌파하였으며, 그런 담론 대신에 존재 그 자체로부터 직접 이야기한다. 그래서 그의 말은 신선하고 자연스러우며 활기가 넘친다.

아디야샨티는 우리의 정체성이 몸이나 감각, 마음이 아니라 참나임을 일깨우는 데 열정적일 뿐 아니라, 깨달음의 체화(體化)를 특히 강조한다. 이 점에서 그는 진리를 처음 일견하기만 해도 그 깨어남이 완전하다고 말하는 듯한 동시대의 몇몇 아드바이타(Advaita, 不二論) 스승들과 좋은 대조를 이룬다.

아디야샨티는 깨어남이란 계속 넓어지고 깊어지는 끝없는 과정이라고 가르친다. 그런 과정을 거치는 동안 우리는 종종 다루기 힘든 낡은 패턴들, 우리가 갇혀 있는 곳들을 마주하게 되는데, 그것들은 해방되고 풀려나기 위해 우리 경험의 전면으로 뛰쳐나오는 것들이다. 이런 것들이 해방될수록 우리의 삶은 점점 더 (우리가 우리 자신임을 깨닫게 된) '헤아릴 수 없는 불가사의'의 표현이 되어 간다. 이 체화의 과정은 어떠한 분리의 자취도 남지 않을 때 정점을 이룬다. 깨어남은 계속되지만, 깨어나는 사람은 없는 것이다.

아디야샨티와 많은 시간을 함께 보내면서, 나는 그가 가장 미묘하고 가장 깊은 수준의 깨달음에 친숙하다는 사실뿐 아니라, 삿상에서 무슨 일이 일어나든지 언제나 공감과 사랑으로 기꺼이 받아들이는 그의 한없어 보이는 수용력에도 깊은 인상을 받았다. 사람들과 대화를 나눌 때 그는 깊이 통찰하고 꿰뚫어 보며, 그러면 알아차림의 빛 속에서 잘못된 이해의 층들이 떨어져 나가고, 살아 있는 순간의 신선함과 분명함이 남는다. 그는 그의 가르침의 체현(體現)이며, 그의 접근법은 진실로 불이론적이다. 따라서 그 어떤 것도 제외되지 않는다. 에고조차도!

나는 이 책이 이 활기 넘치는 젊은 지도자가 앞으로 펼칠 일련의 가르침 가운데 첫 번째에 지나지 않으리라 확신한다. 부디 그의 '살아 있는 말들'이 모든 존재로 하여금 자기의 본성인 기쁨과 완전함으로 깨어나도록 돕기를!

스테판 보디안

캘리포니아 밀 밸리에서

2000년 3월

스테판 보디안은 선불교와 아드바이타 베단타 등 불이론
지혜 전통의 선생이다. 그는 '깨어남을 위한 학교'의 설립자이자 지
도자이며,《지금 깨어나라(Wake Up Now)》와《초보자를 위한 명상
(Meditation for Dummies)》등 여러 책의 저자이다.

3판 머리말

이 책이 13년 전 처음 출간되었을 때, 나는 겨우 3년쯤 가르친 상태였다. 《완전한 깨달음》이 처음 나온 이후 몇 권의 책을 더 쓰고 오랫동안 사람들을 가르쳤지만, 이 책은 여전히 내가 가장 좋아하는 책들 가운데 하나로 남아 있다. 오로지 깨어남과 해탈에만 초점을 맞추어 직접적으로 말하고 있기 때문이다.

여기에 담겨 있는 가르침들은 실재의 본질을 길고 복잡하게 설명한 글이 아니며, 읽는 이의 내면에서 통찰과 깨어남을 촉발시키기 위해 정확하게 조준된 언어의 화살들이다. 사람들을 처음 가르치던 그 시절, 나는 말을 할 때마다 항상 듣는 사람에게 어떻게든 충격을 주려고 했다. 적어도 그러기를 소망

14

했다. 시간이 흐르고 나이를 먹고 경험이 쌓이면서 나는 점점 성숙해졌고 나의 이해는 다소 깊어지고 세밀해졌으나, 나는 여전히 이 책에 담긴 가르침의 직관적인 단순함을 소중히 여긴다.

　그 시절 아내 묵티와 내가 살고 있던 작은 집에서 열 명 남짓 되는 사람들과 이틀 저녁 동안 나눈 대화가 이 책의 재료가 되었다. 열 명이 함께하기에는 작은 집이라서 우리는 어깨와 어깨를 맞대고서야 겨우 앉을 수 있었는데, 그 이틀 저녁은 무척 친밀하고 역동적인 분위기에서 탐구하고 토론했던 시간이었다. 그 대화의 내용은 실제 일어난 그대로 편집 없이 거의 온전하게 여기에 실려 있다. 나는 여러분이 그 이틀 저녁 동안 우리가 공유했던 영적으로 충만했던 분위기 속으로 들어와서, 모든 것이 난생 처음 일어나는, 시간을 초월한 현존과 함께할 수 있기를 바란다.

아디야샨티

머리말

살아가면서 당신 존재의 알려지지 않은 핵심을 직접 탐구할
준비가 되었다면, 당신은 분리라는 미몽(迷夢)에서 깨어날 때
가 무르익은 것이다. 영적 탐구에서 곧장 질러가는 길은 당신
이 갈망하는 무언가를 찾는 데서 시작하는 것이 아니라, 찾는
자, 곧 본질적인 '나'를 찾는 데서 시작된다.

영적 탐구가 강력하고 자유로운 것이 되기 위해서는, 그
것이 마음에 의해 수행되는 행위가 아니라는 점을 이해해야만
한다. 탐구는 당신에게 자기의 존재를, 마음 이전의 경험을 곧
장 가리켜 보여 주는 하나의 수단이다. 이 책을 마음으로만 읽
는다면 당신은 시간을 낭비하고 있다. 그러나 만일 온 존재로

이 글을 읽는다면, 곧 귀 기울여 듣고, 느끼고, 알아차리고, 공명하고, 천천히 소화한다면, 마침내 당신은 이 책의 가치를 발견할 수 있을 것이다.

　나는 당신이 자기 자신이라 생각하는 이에게 말하고 있는 것이 아니다. 나는 바로 당신, '나'라고 불리는 가면 뒤에 있는 알아차림(Awareness)에게 말하고 있다. 이 책은 바로 당신을 위한 것이다. 당신은 모든 페이지에서 축복받은 당신의 참나를 보게 될 것이다.

아디야샨티

당신은 누구인가?

당신은······

몸-마음, 개성의 너머에 있고,

모든 경험과 그것을 경험하는 자의 너머에 있으며,

세상과 그것을 인식하는 자의 너머에 있고,

존재와 그 부재의 너머에 있으며,

모든 주장과 부정의 너머에 있다.

고요하라.

그리고 깨어나서 진정한 당신이 누구인지를 깨달아라.

분리된 자아가 없는 이 깨달음 속에서

당신 자신인 궁극의 실재가

모든 것 안에서, 모든 것으로서, 모든 것 너머에서

환히 빛을 발하고 있다.

모습 없는 근원으로 돌아와

모든 분리감을 초월했을지라도

멈추지 말고,

이 근원에도 집착하지 말고,

모든 이원성의 너머에 있지만

티끌 하나도 부정하지 않는

궁극의 실재를 향해 넘어가라.

깨달은 현자는

영원한 목격자로 머무르며,

완전히 무심하지만 친밀하게 참여하고,

모든 말뜻 너머에서 쉬며,

초월적 자유에 집착하지도,

이원적 세상에 얽매이지도 않는다.

그러므로 그는 모든 생명과 하나다.

궁극의 실재를 완전히 신뢰하며 살기에

그는 얻을 것도 없고 잃을 것도 없으며,

자연스럽게 사랑과 지혜, 자비를 드러낸다.

자신이 행위자라는 어떤 개인적인 느낌도 없이.

모든 개념과 생각을 버리고,

그는 영원하고 늘 새로우며 온전한,

시간과 공간의 세상에서 드러나고 드러내는,

늘 현존하는 의식으로 살아간다.

이 분명한 깨달음 속에서

궁극의 실재는

모든 것 안에서, 모든 것으로서, 모든 것 너머에서

의식하며 빛을 발한다.

그것은 환히 빛나며 온 우주를 꿰뚫어 본다.

온 우주를 꿰뚫어 볼 때

그것은 스스로가 참나임을 안다.

1

자유롭고 싶은 충동

갈망하는 대상을 뒤쫓지 말고,
갈망 자체의 근원을 찾으십시오.

자유롭고 싶은 충동은 의식 안에서 일어나는 진화의 불꽃이며, 에고 너머에서 일어납니다. 그것은 신성(神性), 하나임, 전체성을 향한 충동입니다. 그것은 진리 자체에서 나오는 충동입니다. 에고는 흔히 이 진화의 충동을 자기 것으로 삼아서 '영적 구도자'라는 환상을 창조합니다. 원래 순수한 이 충동은 그 자체로는 무언가를 얻기 위한 추구와는 아무 관계가 없습니다. 에고가 이 충동을 자기 것으로 삼아서 무언가를 얻으려고 애쓸 때, '찾는 자'가 탄생합니다. 이 진화의 충동, 진화의 불꽃은 '찾는 자'를 낳는 결핍감에 의해 순식간에 오염됩니다.

질문 그러면 어떻게 해야 그 충동을 떠나지 않을까요? 어떻게 해야 애써 찾지 않을까요? 당신은 어떻게 그 충동 안에 머무르는지요?

대답 그것을 결핍에서 나오는 것으로 해석하지 않고 하나의 충동으로 볼 때, 그 충동 안에 머무르게 됩니다. 결핍감은 그 충동에 대한 에고의 '해석'입니다. 그런 해석은 순식간에 분리된, 길을 잃고 헤매는 '찾는 자'를 낳게 됩니다. 그 충동은 진화하려는, 전체가 되려는, 자유로워지려는 내면의 압력입니다. 그것은 당신의 참된 본성, 이미 현존하는 당신의 신성(神性)에서 나옵니다.

질문 말씀하셨듯이, 우리는 진화를 위한 압력을 결핍으로 해석합니다.

대답 그렇습니다. 그런데 그 충동은 실제로는 결핍이 아니라 진화의 불꽃에서 나오는 것입니다. 그런 의미에서 그것은 충만함에서 나옵니다. 이미 있는 그것에서 나옵니다. 자유롭고 싶은 충동은 실은 이미 의식 속으로 들어오기 시작한 자유로부터 직접 나오고 있습니다. 진화란 오해 곧 무지(無知)로부터 지혜 곧 참나 깨달음으로 이동하는 것입니다. 자유롭고 싶은 충동은 지혜에서 나옵니다.

질문 저도 깨달을 수 있다는 생각은 너무 오만하게 느껴집니다. 그럴 수 있다는 가능성을 생각하는 것조차 꺼려집니다. 실망할까 봐 두렵기 때문입니다. 어떻게 하면 제가 깨달을 만한 자격을 갖출 수 있을까요?

대답 아주 좋은 소식은, 당신에게는 깨달을 만한 자격이 필요하지 않다는 것입니다. 누구에게도 그럴 자격이 없습니다. 자격이 없음에도 불구하고 그것은 주어집니다. 깨달음은 너무나 거대해서 자격을 논할 수가 없습니다. 누구에게 깨달을 만한 자격이 있겠습니까? 누가 자격을 논할 만큼 깨달음에서 분리되어 있습니까? 그것이 바로 사랑입니다. 자격은 중요하지 않습니다. 그 무엇도 당신을 당신의 참나인 진리 밖으로 내쫓을 수 없습니다.

자신이 겸손해지도록 허용해야 합니다. 한순간에 겸손해질 수도 있고, 평생에 걸쳐 서서히 겸손해질 수도 있습니다. 어느 쪽이든 상관없습니다. 마침내 충분히 겸손해져서 아무것도 아님(nothing)⁶으로 돌아올 때, 자신이 완전한 무(無)임을 발견할 때, 당신은 모든 것을 발견합니다. 그러함을 발견할 때는 그 진실에 충실하고, "아니야, 그건 내가 아니야. 그것이 나일 리는 없어."라고 말하며 뒷걸음질 치지 않는 것이 중요합니다.

⎯

질문 설명을 좀 듣고 싶습니다. 영적 구도자란 자유롭고 싶은 충동의 순수한 표현이 아닐까요?

대답 그 충동은 처음에는 순수한 추구, 호기심, 또는 열망으로 시작됩니다. 하지만 에고는 재빨리 그것을 자기 바깥의 무언가를 추구하는 형태로 변질시킵니다. 이것이 바로 구도자의 탄생입니다. 찾는 자는 없고, 오로지 찾는 행위만 있을 뿐입니다. 스스로에게 물어보십시오. 자유롭고자 하는 충동, 열망이 어디에서 일어납니까? 그 근원으로, 모든 열망 이전의 충만함으로 가십시오.

⎯

---

6 nothing은 '아무것도 아니다'와 '아무것도 없다'는 두 가지 뜻이 있다.

질문 자유롭고 싶은 충동이 자연스럽게 분출되어 추구하게 되는 것 같습니다. 이 추구는 극소수에게 운명적으로 주어지는 것입니까?

대답 자유롭고 싶은 충동은 에고에서 나오는 것이 아니라는 의미에서 운명적이라 할 수 있습니다. 그것은 개인적인 것이 아닙니다. 개인적인 것이 아니라는 말은, 그 충동이 분리된 개인으로서의 당신과는 아무런 관계가 없다는 뜻입니다. 그런 의미에서는 운명과 같다고 할 수 있습니다. 그러나 운명이란 에고가 만들어 낸 또 하나의 개념에 불과하며, 시간과 관련해서만 존재하며 작동됩니다. 따라서 에고가 내릴 수 있는 유일한 결론은 시간과 관련이 있을 것입니다. 운명이라거나 운명이 아니라는 것은 에고의 바깥에서는 존재하지도 않습니다. 당신이 에고의 바깥에 있을 때는 시간의 바깥에 있기 때문입니다. 자유롭고 싶은 충동은 소수에게만 주어지는 것이 아닙니다. 많은 사람이 부름을 받지만, 소수만이 응답할 뿐입니다.

———

질문 깨어나기 위해서 제가 할 수 있는 최선은 무엇입니까?

대답 깨달은 스승과 함께 있으면서 그의 말에 귀를 기울이십시오. 마음은 스승의 말을 나름대로 해석하겠지만, 그런 해석에는 관심을 두지 말라는 뜻입니다. 스승의 말에 대해 생각하거나 이해하려 애쓰지 말고, 그저 말들이 들어오도록 허용하십시오. 그때 그 말들은 마음의 너머에 있는 곳을 꿰뚫을 수 있으며, 그러면 마음이 아니라 참나가 말을 듣게 됩니다. 그럴 때 스승의 말이 원래 밝히려고 했던 것, 즉 참나를 밝히게 됩니다. 그 말을 마음으로만 듣지 않으면, 그 말은 에고를 넘어 침묵에, 가슴에 이르게 됩니다.

—

당신은 해결되어야 할 문젯거리나 실수가 아닙니다.
그저 당신의 참나를 올바로 보십시오.

—

질문 자유롭고 싶은 충동은 누구에게 일어납니까?
대답 자유롭고 싶은 충동은 의식 안에서 그냥 일어납니다. 어떤 무엇에게 일어나는 것이 아니라는 뜻입니다. 그 점이 중요합니다. 자유롭고 싶은 충동이 일어날 때, 우리는 흔히 그 충동이 속박되어 있는 '나'[7] 개인에게 일어난다고 여깁니다. 생각의 바깥에는 분리된 나도 없고 속박도 없으며, 오로지 자유만 있습니다.

질문 자유를 성취하는 데에 몸-마음의 메커니즘인 내가 필요한가요? 자유가 성취될까요?

대답 몸-마음을 자기 자신으로 여기는 동일시가 그칠 때, 자유가 성취됩니다. 그것이 성취입니다.

———

질문 만일 개념적인 나를 자기로 여기는 동일시가 끝나는 것이 자유라면, 자유롭고 싶은 충동을 그 나가 포기해야만 하는 것일까요?

대답 아니요. 포기되는 것은 바로 그 나입니다. 자유롭고 싶은

———————————

7 me. 분리된 개인으로서의 나. 우리는 이 '나'가 주체라고 믿지만, 이 '나' 역시 '알아차림'에 의해 지각되는 대상이다. '꿈속의 나'는 진짜 내가 아닌 것과 마찬가지다.

충동은 개인적인 것이 아닙니다. 그러니 그것을 포기하거나 붙잡을 수는 없습니다. 자유롭고 싶은 충동의 근원으로 돌아가십시오. 그러면 그 나를 넘어서게 될 것입니다.

질문 에고가 그 충동을 붙잡으려고 하면, 그 나의 소멸을 어떤 식으로든 지연시킬 수 있습니까?

대답 그렇습니다. 대부분의 구도자들에게 거의 즉각적으로 그 충동을 변질시키는 것이 바로 에고입니다. 자유롭고 싶은 충동이 변질되는 순간, 구도자가 탄생합니다. 이런 일은 대부분의 사람들에게 피할 수 없는 일이므로 그들을 탓할 수는 없습니다.

질문 그 변질이란 에고가 "이건 내 것이야. 이게 바로 나야."라고 말하며 개인의 것으로 만드는 것이겠죠. 맞습니까?

대답 맞습니다. 우리는 '변질'이라는 어감 센 단어를 사용하지만, 이 말은 단지 '순진한 오해' 정도를 의미한다는 점을 명심하는 것이 중요합니다. 이런 의미에서 변질이란 단지 무지의 표현일 뿐입니다. 그것은 순진한 오해입니다. 에고의 장난을 개인적인 것으로 받아들이지 마십시오. 당신은 에고가 아닙니다. 당신은 에고를 의식하는 것입니다.

당신이 이번 생애에서 자유롭기 위해 태어났다는 믿음, 지금 바로 이 순간 깨달을 수 있다는 믿음, 깨달음은 이런 믿음에 상당 부분 달려 있습니다. 마음은 과거와 미래를 만들어 내면서, 당신이 자기 존재의 진실을 발견할 수 있는 순간으로 들어가지 못하도록 방해합니다. 지금 이 순간, 언제나 자유가 있으며 언제나 평화가 있습니다. 당신이 고요함을 경험하는 이 순간이 모든 순간입니다. 마음이 당신을 꾀어 과거나 미래로 데려가도록 놓아두지 마십시오. 지금 이 순간에 머무르십시오. 그리고 지금 당장 자유로울 수 있다는 담대한 믿음을 가지십시오.

—

질문 선택권에 관해 묻고 싶군요. 꿈에서 어느 정도 깨어날 때까지는 실제로는 어떠한 선택도 할 수 없는 것 같습니다.
대답 내가 선택할 수 있다고 생각하는 것이나 나는 선택할 수 없다고 말하는 것은 둘 다 전혀 실체가 없는 마음속의 개념일 뿐입니다. 진실은 어떠한 개념으로도 붙잡을 수 없습니다.

질문 자유롭고 싶은 충동에는 어떠한 한계도 없습니까?

대답 예. 그 충동에는 아무런 한계가 없습니다. 그 충동은 '무한한 것'에서 나옵니다. 만일 자유롭고 싶은, 깨닫고 싶은, 신을 알고 싶은 충동이 일어난다면, 그때는 '시간이 없는 영원한 것'이 나라고 불리는 이 꿈속으로 이미 어느 정도 침투해 들어와 있는 것입니다.

질문 그렇다면 한계란 또 하나의 개념에 불과하겠군요.

대답 맞습니다. 개념들이 한계를 만들어 냅니다. 개념들이 한계이고, 그것들이 당신을 모든 곳에서 가두어 버립니다. 자유의지와 운명, 선택권 있음과 선택권 없음, 에고와 참나 등 마음이 붙잡는 모든 개념은 한계와 제약을, 감옥을, 그리고 환상을 만들어 냅니다.

질문 이 모든 과정에서 에고의 어떤 긍정적인 측면이 있습니까?

대답 에고는 긍정적이지도 부정적이지도 않습니다. 그런 말들은 더 많은 한계를 만들어 내는 개념일 뿐입니다. 에고는 그저 에고일 뿐입니다. 많은 영적 구도자들은 에고를 나쁜 것으로, 적으로, 파괴해야 하는 것으로 오해하지만, 이런 시각은 에고를 더 강화시킬 뿐입니다. 사실, 그러한 판단들은 에고 자체에게서 일어납니다. 그런 생각들에는 조금도 관심을 기울이지 마십시오. 자기 자신과 싸우지 말고, 오로지 자기가 진정 누구인지만 물어보십시오.

———

늘 있는 것은 너무나 쉽게 간과됩니다.
그것은 어떤 것이 아니고, 어떤 경험도 아니기 때문입니다.

———

질문 어떤 충동이 정말로 자유롭고 싶은 충동인지, 아니면 다른 어떤 충동에 불과한지를 어떻게 알 수 있습니까?
대답 지구에 사는 모든 인간은 단순히 행복하기를 원합니다. 영적인 요가 수행자든 상습적인 마약 중독자든 모두가 행복하기를 원합니다. 전자는 현명한 방식으로 시작하고 있고, 후자는 무지한 방식으로 시작하고 있지만, 그 충동은 똑같습니다.

행복하거나 자유롭고 싶은 충동이 성숙하지 않을 때는 온갖 종류의 중독이나 욕망, 탐닉의 형태로 드러납니다. 하지만 그 충동이 성숙해지면 더 이상 그러한 형태를 띠지 않으며, 더 이상 어떤 것도 회피하지 않습니다. 행복하기 위해 애썼던 모든 방법, 자유롭기 위해 애썼던 모든 방법이 아무 효과가 없었다는 것을 깨달을 때, 그 사실을 깨닫는 순간, 그 충동은 몹시 미숙한 무엇으로부터 성숙한 무엇으로 바뀌게 됩니다.

질문 그 충동이 성숙해지면 저절로 자유를 원하게 되는 건가요?

대답 그 충동이 진정으로 성숙해지면, 그 사람은 더 이상 갈망에 사로잡히지 않게 됩니다. 영적인 갈망에도 사로잡히지 않습니다.

자유롭고 싶은 충동이나 갈망이 더 이상 당신을 몰아가지 못하는 지점에 도달하는 것이 핵심입니다. 이 지점에 도달했다는 것은 그 충동이 임무를 완수했다는 뜻입니다. 그 충동은 충족되었고, 고요해졌으며, 멈추었고, 그쳤습니다. 하지만 이 충동이 임무의 대부분을 완수했을 때조차 에고는 자주 그 충동에 집착할 것입니다. 자기를 구원할 수 있는 수단으로 오해하기 때문입니다. 그래서 결국, 그 충동은 결실을 맺도록 허용되어야 합니다. 결실이란 우리가 사라져서 그것 자체가 되었다는 의미입니다. 그러면 그 충동이 밀어붙일 것은 더 이상 아무것도 남지 않게 됩니다. 왜냐하면 우리가 그 충동, 그 불꽃, 그 참나가 되었기 때문입니다.

———

질문 바깥의 대상들로 향하게 하는 이 갈망이 우리를 내면으로 이끄는 갈망으로 바뀌는 시점이 있습니까?

대답 예. 바뀝니다. 하지만 결국 당신은 내면으로 들어가는 것조차 원하지 않게 됩니다. 당신은 그 충동에 의해 그 자리에서 멈추기를 원합니다. 그 자리에서 완전히 멈추는 것, 그것이 그 충동의 목적입니다. 완전히 멈추면 참나, 신, '무한한 것'을 발견하게 됩니다.

2

알 수 없는 것,
그리고 불안

~

신에 이르는 관문은
아무것도 알지 못하는 데서 오는 불안입니다.
그 불안의 은총을 견뎌 내면
모든 지혜가 당신의 것이 될 것입니다.

자유롭고 싶은 충동에는 원래 불안[8]이 내재합니다. 자유롭고 싶은 충동은 마음 바깥에서 나오는데, 이 때문에 마음은 심한 불안을 느낍니다. 대부분의 영적 구도자들은 이 불안감을 벗어나기 위해 멀리 있는 영적 목표를 추구하며 노력합니다. 그런 식으로 불안감을 회피합니다. 불안감을 느끼지 않기 위해, 그리고 자유롭고 싶은 충동이 일어나는 근원인 '알 수 없는 것'(the Unknown)을 직면하지 않기 위해, 에고는 그것을 회피하는 수단으로 영적 구도자를 창조해 냅니다. 그것은 매우 지능적인 마음의 장난이자 쇼이며 환상입니다.

---

8   또는 불확실함, 불안정함, 안전하지 않음.

질문 그럼 자유를 추구한다는 것은 모순이나 마찬가지로군요.

대답 자유롭고 싶은 충동은 마음 바깥에서, '나'의 바깥에서 나오기 때문에 마음은, 나는 이 충동을 도무지 알 수가 없습니다. 그래서 마음은 찾는 행위를 통해서 이 광대한 '알 수 없음'과 이 불안감을 처리하려고 합니다. 많은 사람들의 경우, 자유롭고 싶은 충동은 그들을 그 너머로 데려가는 대신, 하나의 분리된 자아라는 느낌을 단단하게 할 뿐입니다. 찾는 행위는 일어납니다. 하지만 '찾으려는 대상'과 분리된 '찾는 자'는 순전히 마음의 창조물에 불과합니다. 당신은 '찾는 자'가 아니라 '찾으려는 것'입니다. 당신은 참나입니다.

질문 '찾는 자'라는 환상은 자유롭고 싶은 충동에 대한 위장된 형태의 저항입니까?

대답 그렇습니다. 자기의 바깥에서 찾지 마십시오. 당신은 당신이 찾으려는 것입니다. 고요히 있으면 모든 것이 당신에게 올 것입니다.

질문 그 충동에 대한 저항이 없다면, 우리는 자유롭고 싶은 충동을 있는 그대로 받아들이게 될까요?

대답 중요한 것은 자유롭고 싶은 충동을 있는 그대로 받아들이는 것입니다. 그 충동은 의식이 내 안에 심는 하나의 씨앗과 같습니다. 당신이 할 일은 그 씨앗을 받아들이는 것이 전부입니다. 다시 말해, 자유롭고 싶은 충동이 있을 때 가장 진실하고 성숙한 반응은 그저 멈추고, 가만히 있으며, 쉬면서 그 충동에 사로잡히는 것입니다. 멈추는 것에 절대로 관심을 보이지 않는 것은 오로지 '찾는 자'뿐입니다. 하지만 당신은 '찾는 자'가 아닙니다.

⎯

생각, 감정, 소리, 냄새 등의 현상들, 즉 앞에 있는 풍경들보다 고요한 배경에 더 관심을 가져야 합니다. 대다수 사람들은 앞에 있는 풍경들에, 오감을 통해 느끼는 것들에 초점을 맞춥니다. 하지만 참나는 배경에서 발견됩니다. 참나는 모든 현상이 나타나는 근원이자, 가장 미묘한 느낌과 경험들로부터 거친 물질에 이르기까지 모든 현상이 드러나는 바탕입니다. 가만히 쉬면서 이 배경으로 머물러 있을 때, 당신의 참나를 맛볼 수 있습니다. 그럴 때 당신은 그저 참나에게 자기를 내주고 있습니다. 하지만 사실, 당신이 참나에게 내주고 있는 것은 자기 자신이라는 '생각'일 뿐입니다. 그 생각은 그 침묵에서 나오므로, 당신은 자기 자신이 누구라는 생각을 침묵에게 되돌려 줍니다.

—

질문 저는 구도자로 굳어지기 이전의 찾는 행위에 관심이 있습니다. 자유롭고 싶은 충동은 신체에 강렬한 느낌을 일으키는데, 이런 느낌을 피해 물러나는 것은 자연스러운 반응 같습니다. 마치 열기가 너무 뜨거우면 물러나듯이 말입니다. 그 충동에는 또한 우리를 움직이게 하려는, 또는 아마도 우리 안에서 우리를 통해 진화하려는 욕망이 내재되어 있는 것 같습니다. 움직이려는 자연스러운 성향과, 그런 충동에도 불구하고 가만히 정지해 있어야 할 필요를 조화시키려면 어떻게 해야 합니까?

대답 자유를 향한 충동이 결실을 맺는지를 잘 살펴봐야 합니다. 당신이 할 일은 그 열기 속으로 뛰어드는 것입니다. 그 불 속으로 뛰어드십시오. 물러나려는 어떠한 성향에도 굴복하지 마십시오. 당신이 요리되기를 원한다면 오븐 안에, 자유롭고 싶은 충동의 불길 속에 머물러 있어야 합니다.

─

질문 짧지만 극심한 두려움이나 오래 지속되는 두려움을 경험한 수행자들이 많습니다. 제 경우에는 제가 더 이상 존재하지 못할 것이라는, 없어지고 말 것이라는 두려움을 경험했습니다. 이 두려움은 말하자면 '알 수 없는 것을 들여다볼' 때 일어난 것 같았습니다. 어떻게 하면 진정한 우리 자신이 '그것'임을 알아볼 때까지 그 '알 수 없는 것'을 견뎌 낼 수 있을까요?

대답 "누가 지켜보는가?"라고 물어보십시오. 지켜보는 자가 '텅 비어 있음'(空) 자체와 다릅니까?

질문 아뇨. 사실은 다르지 않습니다.

대답 이 점을 알아차릴 때, 그 두려움은 어떻게 됩니까?

질문 사라졌습니다.

─

질문 '알 수 없는 것'은 불안감을 느끼게 합니다. '알 수 없는 것'에 대한 불안감이라는 이 함정을 피하려면 어떻게 해야 합니까?

대답 '알 수 없는 것'에 대한 불안감이 바로 당신이 회피하지 말아야 할 것입니다. 그 불안감 속에서, 그 알 수 없음, 불가사의 속에서 모든 추구가 성취됩니다. 그 불안감, 알 수 없음 안에서 완전히 휴식할 때, 그것은 자기의 진짜 얼굴을 보여 주는데…… 그것은 아름다움 자체이며, 모든 두려움의 너머에 있습니다. 전적인 안도감은 전적인 불안감에서 일어납니다. 안도감과 불안감은 둘 다 개인적인, 분리된 나라는 느낌과 관련이 있습니다. 이 나는 누구입니까? 개인적인 나가 없을 때 모든 두려움은 끝이 납니다.

———

질문 불안감을 직접 들여다보면, 거기에는 완전히 아무것도 없습니다.

대답 하지만 거기에 무엇이 있습니다. 의식이 있습니다. 알아차림(awareness)[9]이 있습니다. 아무 모습도 없는 것이 있습니다. 시간 없는 것이 있습니다. 영원한 존재가 있습니다. 사랑이 있

---

9 여기서 말하는 알아차림은 노력을 통한 알아차림이 아니며, 한순간도 끊임이 없는, 저절로 이루어지는, 언제나 현존하는, 자연스러운 앎의 성품이다.

습니다. 텅 비어 있음을 들여다보고서 "거기엔 아무것도 없어."라고 말하는 것은 오직 마음뿐입니다. 그 말이 진정으로 의미하는 바는 개인적인 '나'라는 것이 없다는 사실입니다.

질문 그것이 바로 제가 찾고 있던 것입니다.

대답 (웃음) 맞습니다. 그 나를 찾지 못하는 것이 바로 자유입니다. 그 말[10]은 마음이 자기 외의 다른 것들에 얼마나 관심이 많은지를, 정작 자기에게는 얼마나 관심이 없는지를 보여 줍니다. 전혀 없죠! (웃음) 그 말은 마음이 어떤 것들에 관심을 기울이는지를 보여 줍니다.

———

질문 '알 수 없는 것'에 대한 두려움, 거기에 얼른 도달하지 못해서 생기는 실망감에 대해 이야기해 주실 수 있습니까?

대답 실망하는 이유는 원하고 기대하고 바라기 때문입니다. 당신이 기대하는 것은 무엇입니까?

질문 모든 속박에서 벗어나기를 바랍니다.

---

10 "거기엔 아무것도 없어."라는 말을 가리킨다.

45

대답 벗어나야 할 속박은 없습니다. 그 모든 것은 당신이 지금까지 배워 온 개념이고 생각이고 믿음일 뿐입니다.

질문 그것들이 모두 개념에 불과하다는 것을 깨달으면, 절벽에서 막 뛰어내린 것입니까?

대답 그렇습니다. 그렇다는 것을 정말로 깨달았다면, 이미 뛰어내린 것입니다. 이미 끝났습니다.

깨달음은 지식과 다릅니다. 지식은 당신을 어디로도 데려가지 않습니다. 깨달음은 자연스럽고 직관적입니다. 모든 지식을 뒤로하십시오. 아무것도 모르는 채로 있으면서, 깨어 있으십시오.

———

질문 모름 속에는 지혜나 사랑이 많지 않은 것 같습니다. 적어도 분명히 보이지는 않습니다. 제게는 불순한 점들만 더 많이 보입니다.

대답 그렇다면 당신은 모름 속에 있는 것이 아닙니다. 당신은 판단 속에 있으며, 그것은 당신이 '아는 것' 속에 있다는 뜻입니다. 당신은 마음속에 있으며, 마음이 당신의 경험을 해석하고 있습니다.

질문 그 말씀이 맞겠지만, 저는 분명히 하고 싶습니다. 제가 보는 것은 에고의 순수하지 못한 모습입니다. 그런 모습만 계속 보입니다.

대답 '봄'(seeing)은 '보이는 것'의 밖에 있습니다. 지혜는 거기에, 곧 '봄' 자체에, 알아차림 자체에, 일어나는 일을 의식하는 의식 자체에 있습니다. 지혜가 있는 곳은 그곳입니다.

　마음은 언제나 지각의 내용물에 집착하는 상태에 머물고 싶어 합니다. 하지만 지혜는 그 내용물을 의식하는 의식에서 일어납니다. 그러므로 지각의 내용물은 꿈이며, 중요하지 않으며, 환상이라는 것을 바로 보는 것이 중요합니다.

질문 저는 그것이 환상이라는, 꿈이라는 사실을 깨닫지 못하고 있습니다. 그것은 여전히 거의 항상, 아마도 언제나, 정말 실제인 것처럼 보입니다.

대답 "저는 그것이 환상이라는 사실을 깨닫지 못하고 있다."라는 이야기를 버려 보십시오. 무엇이 남아 있습니까?

질문 알아차림만 있습니다.

대답 당신은 '그것'입니다.

질문 당신은 신에 대해 거의 이야기하지 않습니다. 당신에게 신이란 무엇인가요?

대답 신이라는 개념이 무엇을 가리키고 있는지 알려면, 신에 대한 이미지와 신에 대해 가지고 있던 모든 개념을 놓아 버려야만 합니다. 과감히 모든 개념을 버린 뒤, 완벽한 텅 빔, 완벽한 고요, 완벽한 침묵 속으로 들어가야 합니다. 이제까지 신에 대해 배운 모든 것을 잊어야만 합니다. 당신에게 도움이 되지 않기 때문입니다. 그것들이 당신에게 위안을 줄지는 모르지만, 그러한 위안은 허구적인 것이며 환상일 뿐입니다. 마음의 모든 거짓 위안을 놓아 버리십시오. 그것들이 모두 끝장나게 하십시오. 그 최후는 고요함 속에서 온전히 경험되어야 합니다. 모든 이미지, 모든 개념, 모든 희망, 모든 믿음이 끝장나면, 고요함이 경험됩니다.

고요함의 중심을 경험하십시오. 그 속으로 뛰어들어 완전히 내맡기십시오. 고요함에 완전히 내맡길 때, 당신은 신이라는 개념이 가리키는 것을 직접 경험하게 됩니다. 그 직접적인 경험 속에서 당신은 마음의 꿈에서 깨어나고, 신이라는 개념

48

이 실제로는 참된 당신 자신을 가리킨다는 사실을 깨닫게 됩니다.

—

당신이 자유를 선택한다면, 삶은 매혹적으로 변할 것입니다. 당신이 살아갈 삶은 참나가 당신의 인간성과 보이지 않는 조화를 이루는 삶일 것입니다. 참나는 당신의 삶과 조화를 이루기 시작합니다. 그리고 삶은 예기치 않았던 길로 나아갈지도 모릅니다. 더 많이 내려놓을수록 더 기분이 좋아진다는 것이 바로 매혹적인 부분입니다. 불안 속에 더 깊숙이 발을 들여놓을수록, 그것이 얼마나 안정되고 안전한지를 더욱더 알게 됩니다. 당신이 방금 빠져나온 곳은 안전하지 않았습니다. 모든 사람이 몹시 불행한 까닭은 항상 예측할 수 없이 움직이고 변하는 것들, 한정된 것들 속에서 안전을 추구하기 때문입니다.

3
명상과 영적 수행

당신의 경험을
통제하고 조작하려는 노력을 그칠 때
명상이 자연스럽게 일어납니다.

참된 명상은 방향도 없고, 목표도 없으며, 방법도 없습니다. 모든 방법은 마음의 특정한 상태를 이루기 위해 의도된 것입니다. 모든 상태는 제한되고, 일시적이며, 조건에 따라 달라집니다. 마음의 상태들에 관심을 기울이면 거기에 구속되고 의존하게 될 뿐입니다. 참된 명상은 근원적인 의식으로 머무는 것입니다.

참된 명상은 알아차림이 지각의 대상들에 집착하지 않을 때 자연스럽게 의식 속에 나타납니다. 처음 명상을 하게 되면, 알아차림이 언제나 생각이나 몸의 감각, 감정, 기억, 소리 등과 같은 지각의 대상들에 집중한다는 것을 알게 됩니다. 이것은 마음이 관심의 범위를 좁혀 대상에 집중하도록 길들여졌기 때문입니다. 그 뒤 마음은 알아차리는 대상을 기계적이고 왜곡된 방식으로 강박적으로 해석합니다. 마음은 과거에 형성된

틀에 따라 결론을 이끌어 내고 근거 없는 추측을 하기 시작합니다.

참된 명상에서는 모든 대상이 저마다 자연스럽게 기능하도록 놓아둡니다. 이 말은 어떤 알아차림의 대상을 조작하거나 억누르기 위해 노력해서는 안 된다는 뜻입니다. 참된 명상에서는 알아차림 자체에 중점을 둡니다. 즉 대상들을 알아차리는 데 주안점을 두는 것이 아니라, 근원적인 알아차림 자체로 머무르는 데 주안점을 두는 것입니다. 근원적인 알아차림, 의식은 모든 대상이 그 안에서 일어나고 사라지는 근원입니다. 편안히 휴식하며 그저 알아차리고 듣기만 할 때, 대상에 대한 마음의 강박적인 집착은 점차 사라질 것입니다. 존재의 고요함이 의식 속에 더욱 분명하게 들어오고, 당신은 그 안에서 편히 쉬며 머무르게 될 것입니다. 어떤 목표나 기대도 없이 열린 채로 받아들이면, 침묵과 고요가 쉽게 현존하게 되며, 침묵과 고요가 당신의 자연스러운 상태임을 알게 됩니다.

침묵, 고요, 알아차림은 상태가 아니므로 우리가 만들어 낼 수 없습니다. 침묵은 모든 상태가 그 안에서 일어나고 사라지는 비(非)상태입니다. 침묵은 그 자체가 모습이나 속성이 없는 영원한 목격자입니다. 당신이 목격자로서 더욱 깊이 쉴수록 모든 대상은 저마다 자연스럽게 기능하게 되며, 알아차림은 마음의 강박적인 집착과 동일시에서 벗어나, 현존이라는 그 자신의 자연스러운 비(非)상태로 돌아옵니다.

그럴 때 "나는 누구인가?"라는 간단하지만 심오한 질문은, 진정한 자기는 끝없이 폭정을 일삼는 에고-자아가 아니라, 대상이 없는 존재의 자유이며 근원적인 의식임을 드러낼 수 있습니다. 그 의식 안에서 모든 상태와 대상은 영원히 불생불멸하는—당신 자신인—참나의 현현(顯現)으로서 오고 갑니다.

—

질문 명상의 목적은 무엇입니까?

대답 명상의 목적은 명상하는 자를 발견하는 것입니다. 명상하는 자를 찾으려 해 보면, 그나 그녀, 또는 그것을 발견하지 못할 것입니다. 당신은 오직 고요한 텅 빔(空)만을 발견할 것입니다. 텅 빔을 찾게 되면 마음은 정지합니다. 당신이 그리하도록 허용하면, 텅 빔은 마음을 멈추게 할 것입니다. 당신이 생각하고 애쓰고 혼란스러운 마음의 드라마 속으로, 그 삼사라(samsara) 속으로 다시 돌아가지만 않는다면……. 텅 빔이 마음을 멈추도록 허용할 때, 당신은 자신이 바로 그 텅 빔이라는 것을 자각하고 깨닫게 될 것입니다. 당신은 마음도 아니고, 몸도 아니고, 명상 중에 경험하는 어떠한 현상도 아니라는 사실을 깨닫게 될 것입니다. 당신은 텅 빔입니다. 텅 빔이란 한계도 없고 경계도 없는 순수 의식을 의미합니다.

당신은 어떤 것이 아닙니다. 당신은 육체적인 것도, 정신적인 것도, 감정적인 것도, 시간 속의 역사를 가진 것도 아닙니다. 당신은 아무것도 아닙니다. 당신은 의식 그 자체입니다. 대상에 대한 집착을 놓아 버리십시오. 그러면 모든 것의 근원인 그것으로 깨어나게 될 것입니다. 당신은 그 근원입니다. 그 근원으로 곧장 들어가십시오. 스스로를 어떤 것으로 규정하면서 삶을 허비하지 마십시오. 그 꿈에서 깨어나십시오. 그러면 당신은 자유롭습니다.

생각이나 개념, 관념과 상상은 진리에 닿을 수가 없습니다. 진리로 깨어나기 위해 당신이 할 수 있는 일은 아무것도 없습니다. 전혀 없습니다. 당신이 할 수 있는 일은 아무것도 없으며

모든 행위는 당신을 진리로부터 더욱 멀어지게만 한다는 사실을 깨달으면, 모든 행위를 멈추지 않을 수 없습니다. 멈추고 가만히 있으십시오. 멈춤과 가만히 있음은 어떠한 행위와 노력도 요구하지 않습니다.

—

평생 동안 당신은 행위하고 애쓰고 노력하는 법을 배웠습니다. 자기를 계속 향상시켜야 한다고 배웠습니다. 자신이 몸과 마음이라고 믿도록 길들여졌습니다. 이 모든 것은 무지(無知) 때문이었습니다. 그것은 장님이 장님을 인도하는 격이었습니다.

　당신의 참된 존재는 '열려 있음'입니다. 이것을 깨닫는 데는 어떠한 수행이나 기법, 조작도 필요하지 않습니다. 있는 그대로의 당신은 바로 지금 자유롭습니다! 있는 그대로의 당신은 미래의 어느 순간에 자유로워지거나 해방되는 것이 아닙니다. 있는 그대로의 당신은 바로 지금 해방되어 있습니다! 모든 행위를 멈추고 고요히 있으십시오. 고요함의 불길이 모든 것을 불사르고, 열려 있음인 그것을 드러내도록 놓아두십시오.

—

질문 포기[11]란 무엇입니까?

대답 누구나 사물이나 사람, 장소나 생활양식 같은 것을 포기할 수 있습니다. 그러나 진정한 포기란 자기의 마음에 대한 관심을 포기하는 것입니다. 생각이나 믿음, 희망, 배운 것들, 상처, 좌절, 승리, 과거와 미래를 포기하는 것입니다.

거짓된 포기(출가)의 옷을 입은 사람은 많지만, 진정한 포기자(출가자)는 아주 드물고 아주 자유롭습니다.

—

마음을 집중하는 기법들은 알아차림(Awareness)이 현존하지 않으므로 반드시 찾아야 한다는 가정을 깔고 있습니다. 이러한 기법들의 문제점은 당신으로 하여금 알아차림을 만들어 내기 위해 뭔가를 해야 한다고 생각하게 만든다는 것입니다. 하지

---

11 renunciation. 관계를 끊는다는 의미가 있으며, 출가를 의미하는 용어이기도 하다. 따라서 이 질문은 출가에 관한 질문이기도 하다. 이 질문에 대한 대답에서, '거짓된 포기의 옷을 입은 사람'이란 출가자의 복장을 하고는 있지만, 아직 내면에서 진정으로 포기하지는 않은 사람을 가리킨다.

만 알아차림은 누구에게나 언제나 현존합니다. 알아차림은 이미 있는 것이므로 그것을 얻기 위해 우리가 해야 할 일은 아무것도 없습니다. 더욱 깊이 휴식할수록, 당신이 바로 이 '알아차리는 공간'이라는 사실은 더욱 명백해집니다.

———

머무름(Abiding)이란 모든 것을—그것이 무엇이든지—이미 있는 그대로 내버려두는 것을 말합니다. 기분이 좋으면, 있는 그대로 내버려두십시오. 기분이 나쁘면, 있는 그대로 내버려두십시오. 당신의 감정적인, 육체적인, 정신적인 상태가 어떠하든지 간에 그냥 있는 그대로 내버려두고, 그것이 달라지기를 바라지 마십시오. 그것이 지금 있는 상태와 달라지기를 원한다면, 당신은 머물러 있는 것이 아니며, 고르고 선택하면서 당신의 경험을 통제하려고 애쓰고 있는 것입니다.

———

질문 당신의 방편들은 붓다가 가르친 것과 어떻게 다릅니까?

대답 저는 방편들을 가지거나 사용해야 한다고 생각하지 않습니다. 기계적으로 이용되는 방편들은 마음을 더욱더 틀 지우는 경향이 있습니다. 우리는 본래 평화롭고 고요합니다. 누가 방편들에 관심을 가집니까? 오직 마음이 그럴 뿐입니다. 모든 방편은 마음을 위한 것이지만, 당신은 마음이 아닙니다. 직접적인 통찰과 체험은 당신의 참나가 바로 자유라는 사실을 드러냅니다. 참된 자신으로 있는 데는 방편이 필요하지 않습니다. 그저 고요히 있으십시오. 하지만 고요히 있으려고 애쓰지는 마십시오. 아무 노력도 하지 않으면, 고요함이 당신을 찾아옵니다. 모든 개념과 생각, 믿음, 정체성, 희망, 과거와 미래를 놓아 버리십시오. 그렇게 하는 것이 어렵기 때문에 방편이 필요하다고들 말하지만, 그것은 단지 하나의 생각일 뿐이며, 장님이 장님을 인도하는 격입니다. 이 생각을 내버린 뒤, 당신이 무엇을 발견하는지 보십시오.

—

질문 고요함 속에 머물러 있기가 몹시 어렵습니다. 마음이 작동하여 저를 다시 사로잡아 버리기 때문입니다. 저는 방금 전에 이 문 없는 문을 통과했고 원래 문이 없었다는 사실을 깨달았지만, 이제 다시 문이 보입니다!

대답 당신이 보는 것은 문이라는 '겉모습', 문이라는 환영입니다. 그런데 이제 경험은 매우 달라집니다. 당신은 그 문이 겉보기에만 있는 것처럼 보인다는 사실을 알기 때문입니다. 그 문은 실재하는 것이 아닙니다. 그것은 마치 신기루나 환영 같습니다. 이전에 당신이 그 사실을 몰랐을 때는 문이 실재한다고 생각했습니다. 그래서 문을 두드리고 덜컥덜컥 잡아당기면서, 이 깨어남의 문을 열려고 애를 썼습니다.

질문 지금 저는 텅 비어 있음과 내가 누구라는 개념 사이에서 왔다 갔다 하는데, 그것이 고통을 일으킵니다.

대답 텅 빔은 자유로움과 해방감, 평화로움을 느끼게 하지만, '나'라는 관념은 주먹을 꼭 쥐고 있는 것처럼 느껴집니다. "나는 자유롭다."와 "나는 묶여 있다." 사이를 왔다 갔다 하는 것은 당신의 체험을 새롭게 바라보고 "오고 가지 않는 것은 무엇인가?"라고 다시 질문해 볼 수 있는 아름다운 기회입니다. 이 질문은 오고 가지 않는 것을 더 깊이 체험하고 더 깊이 깨어날 수 있도록 인도합니다. 모든 경험은 오고 갑니다. 아무리 숭고하고 멋진 경험이라도 마찬가지입니다. 그러나 이 모든 경험의 근원인 알아차림은 오고 가지 않습니다.

어디로도 가지 않으면, 이미 도착해 있음을 계속 경험하게 됩니다. 어느 방향으로든 한 걸음도 옮기지 않으면, 당신은 즉각 도착합니다. 어디로도 가지 않음으로써 도착합니다. 그저 거기에 머무르십시오. 자신이 언제나 '그것'임을 그저 보십시오. 비록 마음은 당신이 '그것'이 아니라는 이야기를 계속 지어낼지라도.

—

대다수 사람들은 이 상태나 저 상태를 잃을까 봐 노심초사합니다. 그들은 지금은 더 이상 존재하지 않는 것에 휘말립니다. 오고 가는 것은 실재하는 것이 아닙니다. 그러니 그것을 좇는 행위를 그만두십시오. 오고 가는 것은 중요하지 않습니다. 당신이 잃어버린 적이 없는 것은 무엇입니까? 정말로 중요한 것은 그것입니다. 무엇이 항상 있습니까? 행복할 때도 불행할 때도 변함없이 있는 것은 무엇입니까? 진정한 당신은 언제나 현존하며 언제나 똑같습니다. 오지도 가지도 않는 그것이 실재하는 것입니다. 자유는, 다른 어느 곳이 아닌, 오로지 그곳에서만 발견됩니다.

얼마나 심오한 영적 환시를 보든, 얼마나 경이로운 크리야
⑴kriya), 쿤달리니(kundalini), 지복 체험을 하든 그것은 중요하지
않습니다. 그런 영적 체험이 아무리 아름다운 것일지라도, 그
것은 단지 하나의 경험일 뿐이며, 경험은 오고 갑니다. 자유는
오로지 오고 가지 않는 것 안에서만 발견됩니다. 만일 그것이
오고 가지 않는다면, 그것이 바로 '지금' 현존한다는 의미입니
다. 만일 당신이 근사한 영적 체험을 했는데 그 뒤에는 그것
을 잃은 것처럼 보인다면, 스스로 물어보십시오. 그때 현존했
던 것이 지금도 여전히 현존하고 있는가? 그러면 당신은 모든
관심을, 모든 열정을, 모든 가슴을 어디에 쏟아야 하는지 알게
됩니다. 다른 곳에 관심을 기울이지 마십시오. 당신은 바로 그
영원불변함이며, 모든 변화는 그 안에서 일어납니다.

질문 제가 누구인지에 대한 분명한 앎이 왔다 갔다 하는 것처럼 보입니다.

대답 '그런 것처럼 보인다.'는 것이 핵심어입니다. 그것이 정말 오고 가나요?

질문 아니요.

대답 만일 당신의 영적인 모든 것을 그 유일한 진리에 건다면, 그 진리에 모든 것을 바친다면, 그 진리에 대한 이해가 더욱더 깊어지게 한다면, 당신은 자유를 발견할 것이며, 그 자유는 당신을 생각에서 해방시킬 것입니다.

———

질문 어떻게 하면 명상하는 동안에 감정과 생각, 슬픔과 두려움, 갈망과 중독을 없앨 수 있을까요? 여기에 긍정적 확언[12]들이 도움이 될까요?

대답 어떤 것도 없애려고 애쓰지 마십시오. 어떤 것이 없어져야만 한다고 믿으면, 오히려 그 존재가 유지됩니다. 무슨 일이

---

12 일종의 자기 암시 연습. "나는 할 수 있다!" 따위.

일어나든 다 허용하는 열린 공간으로 있으십시오. 당신 자신
이 바로 모든 일이 일어나는 공간임을 알아차리십시오. 모든
일이 일어나도록 허용될 때, 당신은 일어나지도 사라지지도
않는 것을 알아차릴 기회를 갖게 됩니다. 당신이 바로 '그것'
입니다.

긍정적 확언들은 오직 마음을 위한 것입니다. 마음은 그
냥 마음에게 맡겨 두십시오. 당신은 이 마음이 아닙니다. 마음
을 재조정하려고 애쓰지 말고, 마음 이전에 있는 것을 발견하
십시오. 당신은 마음을 포함하는 의식입니다. 스스로 이 질문
을 해 보십시오. 마음과 몸, 감정 이전에, 나는 누구인가? 그것
에 대해 명상하십시오. 찾는 자를 찾으십시오.

—

영적 수행의 목적은 생각의 움직임이 결코 접촉할 수 없는 것
을 자신의 현재 경험 속에서 발견하는 것입니다. 이것은 생각
하는 마음을 억제하는 것도 아니고, 생각을 이용하여 이해하
려 하는 것도 아닙니다. 제가 가리키는 것은 '알 수 없는 것'입
니다. 그것은 이미 늘 현존하는, 고요한, 움직이지 않는 근원

입니다. 그것은 또한 생각 이전에 있을 뿐 아니라 생각의 배경에 있는 근원입니다. 당신은 아는 것보다 '알 수 없는 것'에 더 관심을 가져야만 합니다. 그러지 않으면 관념적 사고의 매우 좁고 왜곡된 관점에 사로잡힌 노예로 머물게 될 것입니다. '알 수 없는 것' 속으로 아주 깊이 들어가야만 합니다. 그러면 당신이 누구이고 무엇인지를 알기 위해 생각을 참고할 필요가 없어집니다. 오직 그때에야 생각은 자기가 마치 진실인 양 거짓되게 가장하는 대신, 진실한 것을 반영할 수 있습니다.

제가 말씀드리는 것은 마음이 결코 달라붙을 수 없고, 가까이 갈 수도 없으며, 생각이나 개념, 믿음들로 억지로 이해할 필요가 없는 어떤 상태입니다. 안전을 위해 더 이상 마음이나 느낌, 감정을 참고하지 않아도 되는 상태입니다. 제가 말씀드리는 것은 해탈이 영구불변의 상태가 될 때까지 모든 분리감을 완전히 포기하는 것입니다. 그러면 당신은 '절대'의 자유속에 영원히 잠겨 있게 됩니다.

4

자기 자신과의 투쟁을 넘어서

깨달음은
고통이라는 질병에 주어진 치료약이며,
그것만이
존재하는 유일한 치료약입니다.

영적 구도자들에게 가장 어려운 과제는 투쟁을 멈추는 것입니다. 인간의 특징은 끊임없이 투쟁하는 상태에 있다는 것이며, 그런 상태는 갈등이나 두려움, 혼란으로 나타납니다. 강박적이고 기계적인 투쟁 충동은 이런 다양한 긴장 상태를 일으키고, 이런 상태는 진실한 것, 자유롭게 해 주는 것을 지각하는 우리의 능력을 왜곡합니다. 참으로 흥미로운 점은, 인간의 상태에는 투쟁하려는 무의식적 욕구가 내재되어 있다는 것입니다. 이유가 뭘까요? 끊임없이 투쟁하는 상태 속에 있으면, 우리는 분리된 자아라는 느낌을 만들어 내는 경계들을 유지할 수 있기 때문입니다. 그 자아는 무의식적으로 자기를 '투쟁하는 사람'이라고 규정합니다. 더욱 놀라운 점은, 우리는 분리된 채로 있기 위해 투쟁을 필요로 할 뿐만 아니라, 분리된 채로 있기를—비록 그것이 수많은 고통과 두려움, 혼란을 초래할지라도—'원한다'는 사실입니다. 우리는 분리된 채로 있기를 원합니다. 분리되어 있을 때 우리는 남다르고 특별하고 유일한 사람이라는 느낌을 유지하기 때문입니다.

많은 사람들은 자기의 삶이라는 비극적 드라마 속에서 따로 분리된 특별한 피해자가 되는 데 중독되어 있으며, 자기를 그런 피해자로 여기고 있습니다. 사람들은 종종 자기 삶의 고통스럽고 비극적인 일화를 나누면서 서로 간에 가장 깊은 유대를 형성합니다. 마치 그런 일화들이 자기가 진짜 누구인지를 규정이라도 하는 듯이 말입니다. 많은 사람들이 실제로 자기를 '투쟁해 온 사람'이나 '지금 투쟁하고 있는 사람'으로 봅니다. 다른 사람들은 좋은 사람, 성공한 사람, 영적인 사람이라는 더 긍정적이고 고정된 정체성을 유지하기 위해 투쟁합니다. 그렇지만 대다수 사람들은 부정적인 자아상과 긍정적인 자아상 둘 다에 집착합니다. 그들은 모순된 정체성들 사이에서 끝없는 투쟁을 일으키지만, 그 정체성들은 애초에 근본적인 실체가 없습니다. 많은 영적 구도자들이 매우 혼란스러운 상태에 있다는 것이 과연 놀라운 일일까요?

영적 구도자들의 가장 은밀하고 알아차리기 힘든 투쟁 방식은, 투쟁을 멈추도록 도움을 줄 것 같은 수행이나 기법들을 가지고 투쟁하는 것입니다. 그런데 누가 이러한 수행에 가장 큰 투자를 할까요? 분리된 자아라는 느낌, 즉 에고가 그렇게 합니다. 오로지 에고만이 투쟁을 멈추는 법을 묻습니다. 왜냐하면 방법을 묻는 모든 질문은 더 많은 투쟁으로 이끌기 때문입니다. 투쟁을 유지하는 이 메커니즘이 바로 에고가 통제권을 유지하는 방식입니다. 오로지 진정한 자신이 누구이고 무엇인지를 열정적으로 탐구할 때, 충분히 깊이 탐구하여 개인적이고 분리된 자아라는 꿈에서 깨어날 때, 오직 그럴 때에만 투쟁이 그칩니다.

당신이 투쟁하는 이유는 분리된 자아라는 느낌을 유지하기 위해서입니다. 그런데 그 자아는 실제로는 분리된 자아가 존재하지 않는다는 진실을 감추려는 방어기제에 불과합니다. 투쟁을 멈추자마자, 당신에게 분리된 자아감을 주는 경계가 사라집니다. 맞서 싸울 것이 없기에, 거짓된 자아감은 무(無) 속으로, '알 수 없는 것' 속으로 사라집니다. 그러면 당신은 갑자기 발을 디딜 익숙한 바닥이 없어져서 몹시 당황하게 됩니다. 당신의 정체성은 친숙하고 알려진 모든 것으로부터 풀려나고, 당신은 아무것도 부여잡을 것이 없는 채로 광대한 허공 속에 떠 있게 됩니다. 이 밑바닥 없는 허공은 해탈의 전조(前

兆)이지만, 소수만이 이 알 수 없는 영역에 머물기를 선택합니다. 반면, 대다수 사람들은 알 수 없고 익숙하지 않은 광막함에 맞서 싸우기 시작하며, 마침내 다시 한 번 익숙한 자아감과 분리감 속에서 안정감을 느끼게 됩니다.

전체에서 어떠한 분리도 허용하지 않는 자유, 곧 절대적인 자유와 직면하면, 대부분의 사람들은 강박적으로 뒷걸음질을 치며, 친숙한 자아감을 유지할 수 있는 투쟁 상태로 돌아갑니다. 이 말은 실제로 선택권이 주어졌을 때, 대부분의 사람들은 모든 분리감을 부수어 버리는 자유를 직면하는 대신, 분리된 상태를 유지하며 투쟁하기를 선택할 것이라는 의미입니다. 익숙한 자아감이 주는 안전하다는 느낌보다 자유로워지기를 더 많이 원할 때, 오직 그때에만 투쟁을 넘어선 궁극의 자유 속으로 자연스럽게 들어가게 됩니다.

두려움과 불확실함을 피하는 것이 습관화되어 있기에, 대다수 사람들은 강박적으로 친숙한 것에 집착합니다. 그것이 비록 몹시 고통스럽고 혼란스러운 것일지라도 말입니다. 저는 수없이 많은 사람들이 자유를 발견하고 경험한 뒤에도 뒤돌아서는 것을 목격했습니다. 그 자유 속에는 숨을 곳도 없고 붙잡을 것도 없기 때문입니다. 그들은 심오한 자유로 깨어

나기 시작하지만, 많은 이들이 투쟁과 혼란이라는 친숙한 상
태로 되돌아옵니다. 잡을 수도 없고 규정할 수도 없는 해탈의
불가사의 속으로 완전히 뛰어드는 것을 회피하기 위한 무의
식적인 노력으로 말이죠. 왜일까요? 그 불가사의 속에는 개
인적인 에고가 얻거나 자신을 규정할 수 있는 것이 전혀 없기
때문입니다.

　이것은 대부분의 사람들이 처음 시작할 때 마음속에 그리
던 그 해탈이 아닙니다. 알게 모르게 대부분의 사람들은 그들
이 얻고 소유할 수 있는 자유를 마음속에 그립니다. 그래서 깨
달음의 상태를 일견한 사람들은 그것이 상상했던 것보다 훨씬
거대하다고 말합니다. 당신이 자유를 소유하는 것이 아니라
자유가 당신을 소유한다는 사실을 깨닫게 되면, 종종 충격적
이고 놀라우면서도 믿을 수 없는 해방감을 경험하게 됩니다.
그 깨달음은 분리된 당신이라는 꿈을 삼켜 버리고, 참나가 한
량없는 공간임을 드러냅니다. 제가 묘사하고 있는 것은 어떠
한 자아감도 느껴지지 않는 참나의 경험이며, 끊임없이 존재
를 모습으로 탄생시키는, 시간도 없고 원인도 없이 존재하는
것의 경험입니다.

　이 심오한 자유를 일견하는 것은 어렵지 않지만, 그 자유

로 '살기' 위해서는 이제까지 가졌거나 앞으로 갖게 될 모든 자아 관념이 부서져야만 합니다. 이 자유는 투쟁의 필요를 불살라 없애 버리고, 자기의 참나가 바로 존재하는 모든 것임을 깨닫게 하는 불꽃입니다.

—

질문 저는 정말로 열려 있음을 경험하고 있었지만, 뒤이어 에고의 욕망이 나타나자 원래대로 돌아와 버렸습니다. 저는 에고의 욕망을 정말로 포기하고 싶지는 않은 것 같습니다.

대답 그것이 정말입니까?

질문 아닙니다.

대답 그럼 자신에게 그 이야기를 들려주어 얻는 것이 무엇입니까?

질문 저에게 집중하게 됩니다.

대답 당신에게 집중하는 것이 좋습니까?

질문 아니요. 정말 그렇지는 않습니다. 만족스럽지 않습니다. 그러면 혼란과 분리, 갈망을 경험하게 됩니다.

대답 그럼 만족하게, 정말로 만족하게 하는 것은 무엇입니까?

질문 진실을 말하는 것입니다.

대답 무엇이 진리입니까? 당신이 정말로 원하고 갈망하는, 자신에게 들려주고 싶은 진리는 무엇입니까?

질문 잘 모르겠습니다. 아예 모르거나 간과하고 있는지도 모르겠습니다.

대답 그것을 발견하십시오.

5

모든 노력과 추구를 멈추기

해야 할 일도 없고, 있어야 할 것도 없고,
되어야 할 것도 없습니다.
가야 할 곳도 없으며,
해야 할 경험도 없습니다.

🌿 무엇이 되려는 노력을 그만둔다는 것은, 마음이 결코 알 수 없는 것에 직면했을 때에 당신이 움직이지 않는 것을 의미합니다. 무엇이 되려 하고, 어디에 도달하려 하고, 무엇을 얻으려고 애쓰는 한, 당신은 실제로 진리 그 자체에서 멀어지고 있습니다. 무엇이 되려는 노력을 그만두기 위해서는 '길'과 '여정'을 거부해야만 합니다. 시간을 거부해야만 합니다. 시간은 미래를 의미하며, 내일은 결코 오지 않기 때문입니다. 깨달음은 결코 내일 일어나지 않습니다. 내일이란 (무엇이) '됨'(becoming)이고, (무엇이) 됨은 시간이며, 시간은 생각입니다. 생각은 쓰레기통입니다. 쓰레기통을 들여다보고 있으면, 오로지 쓰레기만을 얻게 될 것입니다.

'알 수 없는 것' 안에서 쉰다는 것은, 어떻게 해야 목적지에 도달할 수 있을지를 당신의 마음이 전혀 알지 못한다는 의미입니다. 또한 마음이 '언제, 어디서, 어떻게'를 알려 주기를 당신이 더 이상 기대하지 않는다는 말입니다. 무엇이 되려는 노력을 완전히 그만둘 때, 당신은 멈추게 됩니다. 이 멈춤은 노력이 필요하지 않습니다. 그것은 지혜에서 나옵니다.

—

질문 그만두는 것도 일종의 행위인 것 같습니다. 무엇이(또는, 어떻게) 되려는 행위를 그만두려면 어떻게 해야 할까요? 어떻게 하면 그럴 수 있을까요?

대답 무언가를 그만두기 위해 당신이 할 수 있는 일은 아무것도 없다는 사실을 바로 보고 지각하는 것, 그 자체가 그만둘 수 있게 합니다. '당신'이 자기 힘으로 그만둘 수 있다고 믿는 한, 그만두는 일은 결코 일어나지 않을 겁니다. 오직 그만두려고 애쓰는 '당신'이 단지 하나의 생각에 불과하며, 따라서 하나의 환상임을 알아볼 때, 그만두는 일은 저절로 일어납니다.

—

모름 속에 푹 잠겨 있는 것은 머물러 있기에 훌륭한 장소입니다. 모름 속에 잠겨 있을 때, 당신은 알게 되지만 이전에 알던 방식과는 다릅니다. 당신은 '존재의 순간순간 경험'으로서 알게 됩니다. 그것이 당신의 앎입니다. 당신은 '그것'이 진정한 자기 자신이라는 것을 압니다. 마음이 이해할 수 없는, 늘 펼쳐지고 있는 그 불가사의, 그것이 바로 당신입니다.

—

질문 뭔가를 추구하고 싶은 욕구를 느낍니다. 육체적인 수준에서 그것을 느낍니다.

대답 욕구는 신체에 반영됩니다만, 그 욕구가 일어나는 근원은 어디입니까? 몸에서 느껴지는 그 감각은 어디에서 일어납니까?

질문 불안이 있습니다.

대답 그것이 어디에서 나옵니까? 그 느낌은 어디에서 나옵니까?

질문 어디에서도 나오지 않습니다.

대답 아!

질문 그냥 있을 뿐입니다.

대답 그 어느 곳도 아님, 그 텅 비어 있음은 몸 이전에, 마음 이전에 있으며, 모든 것의 근원입니다. 지금, 멈추세요. 일생에 단 한 번만이라도, 그냥 멈추십시오. 생각하지 마십시오. 그냥 멈추세요.

—

순수한 '나 있음'(I AM)으로 있으십시오. 나는 '이것'이나 '저것'이 아니라, 단지 '나 있음'입니다. 그 다음에는 '나'(I)를 던져 버리십시오. 그러면 오직 '있음'(AM)만이 있습니다. 이것이 상태 없는 상태이자 궁극의 원리인 절대 참나입니다. 모든 것이 본질적으로는 참나라 불리는 이 절대 원리입니다.

—

질문 추구를 하거나 추구를 그만둘 사람이 없다는 사실을 깨닫게 될 때, 무엇이 되려는 노력이 끝나게 됩니까?

대답 그렇습니다. '나'라고 불리는 꿈이 모든 의미와 중요성을 잃어버릴 때, 당신은 그런 일이 일어났다는 것을 알게 됩니다. 개인적인 나는 전혀 중요하지 않다는 것을 깨달을 때, 찾는 행위가 완수됩니다. 당신은 찾는 자가 없음을 깨닫게 됩니다. 그리고 그 모두가 의식이 꾸는 하나의 꿈에 불과함을 깨닫습니다. 이것을 직접적인 길이라 할 수 있는데, 이 길에서는 찾는 자가 한 걸음도 뗄 수 없습니다.

질문 우리가 찾는 자를 놓아 버리는 그 지점을 무엇이라 부를 수 있겠습니까?

대답 죽음입니다.

질문 죽음이란 무엇입니까?

대답 찾는 자가 끝나는 것입니다.

⸺

질문 깨닫기 위해서는 반드시 에고가 죽어야 한다고 들었습니다. 에고가 죽는다는 것은 무슨 의미입니까?

대답 진정으로 살기 위해서는 에고가 죽어야 한다고들 말합니다. 그러나 어떤 것도 죽을 필요는 없습니다. 그저 성장할 필요가 있을 뿐입니다. 아이가 어른으로 성장하기 위해 죽지는 않습니다. 아이는 단지 성장할 뿐입니다. 아이는 진화하며, 더 이상 필요하지 않은 것들을 뒤로합니다. 에고가 더 이상 유용하거나 적합하지 않다는 것을 바로 보고, 에고를 뒤로하십시오. 오직 에고만이 자기의 종말을 드라마틱해 보이게 합니다.

———

질적인 변형을 일으킬 수 있는 힘을 지닌 질문들은 의식 속에서 회피할 수 없는 어떤 것으로 작용합니다. 그것들이 가치 있는 질문들입니다.

———

질문 질문들은 변형될 준비가 된 마음에 의식이 반영된 것입니까?

대답 마음은 결코 변형될 준비가 되지 않습니다. 변형은 그저 일어납니다. 그뿐입니다.

질문 참나는 (우리가) 되는(become) 것이 아니라면, 되는 것은 무엇입니까?

대답 아무것도 '되지' 않습니다. 생각과 경험이 그저 춤을 추면서, 어떻게 되는 듯한 경험을 줄 뿐입니다. 하지만 진실은, 모든 일이 아무 원인 없이 저절로 일어난다는 것입니다.

질문 우리가 누구인지를 발견하려면 무엇을 그만두어야 합니까?

대답 당신이, 하나의 분리된 개체로서, 그만두거나 그만두지 않을 것이라는 생각입니다.

—

문제는, 대부분의 사람들이 지각하는 대상에만 주의를 기울인다는 것입니다. 그보다는 그 배경, 즉 최종적으로 지각하는 자에게 주의를 기울여야 합니다. 어느 쪽이든 알아차림은 늘 100% 일어나고 있습니다. 등불은 밝게 켜져 있습니다. 그것은 결코 꺼지지 않습니다. 하지만 그것이 보고 있는 곳은 어디입니까? 인간들의 특징은 대상들에 완전히 매료된다는 점이며, 그것은 우리가 '나'라고 해석하는 이 대상과 함께 시작됩니다. 그 '나'는 단지 생각일 뿐입니다. 당신은 이 '나'라는 생각 이전에 있습니다.

—

이 삶은 하나의 꿈입니다. 삶을 꿈이라고 부르는 것은 삶을 폄하하는 것이 아니며, 삶이 가치 없다는 말도 아닙니다. 삶은 당신이 밤에 꾸는 꿈과 다를 바 없습니다. 꿈을 꾸다가 잠에서 깰 때, 당신은 우리가 삶이라고 부르는 이 꿈으로 깨어나며, 잠이 들 때는 또 다른 꿈 세계로 깨어납니다. 하지만 양쪽 세계에서 늘 깨어 있는 것, 그 꿈꾸는 자는 언제나 똑같습니다. 알아차림은 언제나 현존합니다. '그것'이 바로 실재입니다. 오고 가지 않는 것, 심지어 꿈의 상태에서도 오고 가지 않는 것은 무엇입니까? 그것이 바로 참된 당신입니다.

—

질문 참나를 깨닫기 위해서는 환상이나 꿈과의 잘못된 동일시를 놓아 버려야만 한다는 것이 사실인가요? 동일시가 바로 문제인 건가요?

대답 모든 장애물은 생각이나 믿음, 견해로 이루어진 관념적인 것들입니다. 관념과 믿음 말고는 아무런 장애가 없습니다.

믿음이란 마음이 텅 빔을 채우기 위해 하는 것이며, 마음이 자기에게 바라보고, 가지고 놀고, 숨을 것을 주기 위한 것입니다.

질문 그렇다면 우리의 판단과 해석, 관념과 믿음들은 조건화 (conditioning)된 것이 드러난 것이군요.

대답 예. 관념과 믿음이 없으면 조건화도 없습니다. 관념과 믿음들을 가져야만 분리된 개인이 될 수 있습니다.

질문 무언가 되려는 것을 그만둘 때, 우리는 무엇을 발견합니까?

대답 평화, 중지, 영원한 참나. 투쟁은 끝났습니다. 당신은 자유롭습니다.

———

질문 상황을 있는 그대로 허용하는 것과 상황에 맞서 싸우는 것을 조화시키려면 어떻게 해야 할까요? 제 삶에는, 상황을 있는 그대로 허용하면 안 되고 무기를 들고 맞서 싸워야 한다고 느껴지는 영역들이 많습니다.

대답 맞서 싸울 필요가 전혀 없습니다. 대립은 분리된 자아가 취하는 태도입니다. 진실한 것을 행하십시오. 진실한 것을 행할 때는 대립하는 태도가 없습니다.

질문 아무것도 하지 않고 가만히 있기만 하는 건 제 마음에 옳게 느껴지지 않을 겁니다. 그건 비겁한 일일 겁니다. 때로 상황을 있는 그대로 허용하기만 하면 비겁함에 빠질 수 있습니다.

대답 진리가 어떻게 행동할지 알려 주도록 허용하십시오.

질문 그런 종류의 행동은 주어진 상황에서 어떤 행동이 옳은가 하는 느낌에서 나오는 건가요?

대답 그것은 느낌 이전의 것입니다.

질문 좋지 않은 결과가 예상되더라도 그래야 합니까?

대답 진리는 결과에 개의치 않습니다. 진리는 진리에 관심이 있습니다. 진리는 사람들이 당신을 좋아하든 싫어하든 상관하지 않습니다. 진실을 말한다고 해서 사람들이 항상 당신을 좋아하지는 않습니다. 때로는 그 때문에 사람들이 당신을 싫어할 것입니다. 당신이 좋아하거나 싫어하는 바, 또는 다른 사람들이 좋아하거나 싫어하는 바에 따라 세상에서 행동하는 한, 당신은 진리의 세계에 있지 않습니다. 진리는 우리에게 진실할 뿐만 아니라 진실하게 행동하기를 요구합니다. 진리를 아는 것만으로는 부족합니다. 당신이 바로 진리여야만 합니다.

진리를 실천하고 진리를 행해야만 합니다.

———

영적인 사람들 중에는 지금 일어나는 일을 근본적으로 부정하는 사람들이 많습니다. 그들은 그것을 초월하려 하고, 없애려 하며, 그것에서 벗어나고 도망치려 합니다. 그런 '느낌'에는 잘못이 없지만, 그런 접근법은 아무 소용이 없습니다. 그것은 영적인 옷을 입은 현실도피이기 때문입니다. 그것은 영적인 옷과 영적인 개념들을 입고 있지만, 실은 더 이상의 고통을 원치 않는 시궁창 속의 주정뱅이와 다를 바 없습니다. 모든 것을 완전하고 충분하게 받아들이고 감수할 때, 당신은 저절로 초월하게 됩니다.

———

모든 믿음과 개념은 진실이 아닙니다.
그것들을 모두 던져 버리고, 침묵의 불길이
그대를 불살라 깨어나게 하십시오.

질문 저는 진리에 헌신했다고 생각하지만, 여전히 진리를 발견하지 못했습니다.

대답 다른 무엇보다 진리를 더 원하는 순간, 당신은 진리를 깨닫게 될 것입니다. 원래 그런 법입니다. 아주 단순합니다.

질문 그런 선택을 하는 데 시간이 걸립니까?

대답 당신이 그러기를 원한다면, 그렇습니다.

질문 그런 선택을 계속 반복해야 합니까?

대답 더 이상 선택할 필요가 없을 때까지 계속 그런 선택을 하십시오.

질문 저는 그것을 위해서라면 뭐든지 포기할 만큼 간절히 원합니다.

대답 당신은 그것을 이미 가지고 있음에도 마치 안 가진 척하는 것을 기꺼이 포기할 수 있겠습니까?

⸺

질문 어째서 더 많은 사람들이 깨닫지 못하고 있는 걸까요?

대답 그들은 여전히 꿈속에서 얼마간의 오락거리를 발견하기 때문입니다.

6

깨어남

〜

그대는 알아차림이라는 빛이며,
모든 존재하는 것의 근원이자 그 표현입니다.

깨달음의 순간에는 모든 것이 떨어져 나갑니다. 모든 것이. 갑자기 발 딛고 있던 땅이 꺼지고, 당신은 홀로 남습니다. 당신은 혼자입니다. 다른 사람, 다른 것이 없다는 사실을 깨닫기 때문입니다. 분리되어 있는 것은 아무것도 없습니다. 오직 당신만이, 오직 참나만이, 오직 한없는 텅 빔만이, 순수 의식만이 존재합니다.

마음에게, 에고에게 이것은 몹시 두렵게만 보입니다. 한계 없음과 무한함을 바라보면서, 에고는 무의미함과 절망을 봅니다. 하지만 한번 마음을 놓아 버리면, 관점은 끝없는 기쁨과 경이로움으로 바뀝니다.

깨닫게 되면 당신은 홀로 서게 됩니다. 당신은 어떤 종류의 지원도 필요하지 않습니다. 왜냐하면 지원을 받을 개인이 없기 때문입니다. 다시 말해, 분리된 당신이 더 이상 존재하지 않기 때문입니다. 당신은 에고의 경험 전체가 부서지기 쉬운 환상이었다는 것을 깨닫게 됩니다. 당신은 홀로 있지만 결코, 결코 외롭지 않습니다. 당신이 어디를 보든 무엇을 보든 그 모든 것이 '그것'이며, 당신이 바로 '그것'이기 때문입니다.

—

질문 깨어남은 단지 우리가 경험하는 또 하나의 영적 체험에 불과한가요?

대답 깨어남이란 '당신'이 깨어난다는 뜻이 아닙니다. 그것은 오직 깨어남만이 존재한다는 의미입니다. 깨어 있는 '당신'은 없으며, 오직 깨어 있음만이 있습니다. 스스로를 깨어났거나 깨어나지 못한 '당신'과 동일시하는 한, 당신은 여전히 꿈을 꾸고 있습니다. 깨어남이란 분리되어 있는 당신이라는 꿈에서 단순히 깨어 있음으로 깨어나는 것입니다.

—

질문 깨어 있고 깨닫게 되면 사랑하는 사람, 지혜로운 사람이 되나요?

대답 깨어나게 되면 모든 (무엇이) '됨'(becoming)이 그칩니다. 깨어 있다는 것은 자신이 누구이며 무엇인지를 직접 경험으로 깨닫는다는 뜻입니다. 당신은 아무것도 되지 않습니다. 모든 '됨'은 시간 속에 있으며, 시간은 마음입니다. 깨어남은 시간 바깥에 있습니다. 당신은 시간으로부터 시간 없는 그것으로 깨어납니다. 지혜와 사랑은 당신 참나의 측면들이며, 그러므로 만들어 내거나 추구할 필요가 없습니다.

많은 사람들은 더 지혜롭고 더 사랑하는 사람이 되려고 '노력'합니다. 그래서 자기 자신과 끝없이 싸우는 상태에 있게 됩니다. 하지만 이러한 접근법으로는 결코 성공할 수 없습니다. 왜냐하면 그것은 더 나은 사람이 되기를 원하는, 분리된 '당신'을 가정하고 있기 때문입니다. 당신은 꿈이며, 단지 하나의 생각일 뿐입니다. 자기를 분리된 개체로 여기기 때문에 당신은 자기 존재의 진실을 보지 못합니다. 당신이 바로 사랑이며 지혜입니다.

질문 마치 깨달음을 얻은 것 같은 순간들이 있습니다. 그러나 시간이 얼마쯤 흐르면 그런 상태가 사라집니다. 그것을 잃지 않는 때가 오나요?

대답 '깨달음'이라는 말이 가리키는 것은 참된 당신입니다. 참된 당신은 얻거나 잃을 수 있는 상태가 아닙니다. 그것은 어떤 영적 체험이 아닙니다. 모든 상태와 체험은 오고 갑니다. 참된 당신은, 상태나 체험과 상관없이, 바로 지금 존재하는 영원불변함입니다.

———

어떤 의미에서 깨달은 삶이란 전적으로 불확실한 삶입니다. 그는 '알 수 없는 것'에 따라 살아가고 행동합니다. 우리는 우리 마음이 제공하는 왜곡된 안정감에 따라 행동하는 데 익숙하지만, 자유는 그런 식으로 작동하지 않습니다. 그것은 역설입니다. 당신은 모르기 때문에, 그리고 모른다는 사실을 알기 때문에, 순간순간 알 수 있는 문이 활짝 열려 있습니다. 당신이 아는 때는 순간순간입니다. 모름 속에서 편히 쉴 때, 알 수 있게 됩니다.

—

자기 내면을 들여다보고서
자기 자신을 찾지 못하는 것,
그것이 바로 찾은 것입니다!

—

더 이상 '나'에 매료되지 않을 때, '나'가 더 이상 당신의 알아
차림 속에서 중심 무대를 차지하지 못할 때, '나' 없음 속에 남
아 있는 것들이 전부 드러납니다.

—

깊은 깨달음을 얻은 사람은 의식을 진화시키는 힘이 됩니다.
그들은 그것이 되었습니다. 그리고 깨어나게 하는 의식의 진
화적인 힘은 오로지 진리에만 관심을 가집니다.

7

체화, 진정한 불이不二

처음에 그대는 삶에서 깨어납니다.
다음에는 삶 그 자체로서 깨어납니다.

갑작스럽게 참나로 깨어난 뒤에는 초월적인 것이 인간의 개성으로 점차 체화(體化)되어 가는 과정이 시작됩니다. 점진적이라는 말은 깨달음의 체험 이후에 깨달음이 깊어지는 것을 의미합니다. 초월적인 참나가 우리의 인간성 안에 더욱 체화될수록 우리의 관점은 더욱 넓어지고, 우리는 살아가는 모습으로 초월적인 깨달음을 더 많이 표현하고 드러내게 됩니다.

이 체화는 에고와 집착의 모든 찌꺼기를 계속해서 벗겨내는 과정입니다. 그것은 진정한 영적 깨어남 속에 담긴 광대한 영향력에 계속해서 내맡기는 움직임입니다. 체화는 또한 수많은 위험과 자기기만, 그리고 오해가 수반되는 영적 전개 과정의 한 단계이기도 합니다. 그곳은 해탈을 구하는 많은 구도자들이 두려움과 의심, 그리고 확신의 부족에 굴복하는 지점입니다. 이 체화의 과정은 무척 흥미진진하면서도 상당히 혼란스러울 수 있습니다. 그것은 극도로 미묘하고 복잡한 영역이라서 진정으로 이해하는 사람은 거의 없습니다.

—

질문 '체화한다'라는 말을 듣고 마음속에 떠오른 첫 이미지는 어떻게든 이 육체적 모습 속으로 가져와야 할 어떤 광대함입니다. 그렇지만 우리는 '나'라는 것이 더 이상 존재하지 않을 때만 체화가 일어난다고 이야기합니다. 체화의 가르침에서 몸이라는 게 무엇인지 말씀해 주실 수 있으십니까?

대답 체화는 모든 사물과 비(非)사물이 당신의 참된 몸을 이룬다는 깨달음과 함께 시작됩니다. 당신의 인간성은 깨달음의 깊이를 그대로 반영합니다. 그러므로 인체를 존재의 진리를 수용할 수 있는 더 크고 광대하고 넓은 그릇으로 만들기 위해 무언가를 할 필요는 없습니다. 가장 중요한 것은 당신의 전체 몸을 알아차리는 것이며, 모든 것이 당신의 전체 몸임을 지각하는 것입니다. 그러면 당신의 인간성은 그 깨달음의 깊이를 반영할 것입니다. 체화는 당신이 행하는 일이 아니라, 당신의 깨달음이 얼마나 깊어졌으며 자기 자신을 깨달음에 얼마나 많이 내맡겼는지를 보여 주는 결과입니다. 온 우주가 바로 당신의 몸입니다. 당신의 인간성이 전체를 반영하고 드러내도록 하십시오.

질문 그렇다면 체화는 광대함을 제 안으로 가져오는 것이 아니라, 그 광대함에 저 자신을 내맡기는 것이로군요.

대답 예. 그것이 바른 이해입니다.

———

질문 개인으로서의 '나'를 자기라고 믿는 동일시가 아직 남아 있는데도 체화가 가능합니까? 그렇지 않다면 체화를 알아보는 표시는 무엇입니까?

대답 체화는 보통 '깨어남'이라는 사건 이후에 시작되는 점진적인 과정입니다. 그래서 사실 절대적인 면에서는 체화에 대해 이야기할 수 없습니다.[13] 체화를 보여 주는 표시들은 평화와 사랑, 지혜, 그리고 깨달음에서 나오는 행동입니다. 우리가

---

13 일찍이 선가(禪家)에서는 "이치는 단박에 깨닫는지라 잘못된 견해는 깨달음과 동시에 녹아 없어지지만, 일상사에서 나오는 습관은 단박에 사라지는 것이 아니라 순차적으로 없어진다."고 하였다. 이치는 절대적인 것으로 돈오돈수(頓悟頓修)이나, 현상은 상대적인 것이므로 돈오점수(頓悟漸修)이다.

다른 사람들에게 어떤 영향을 주는지는 우리가 정확히 얼마나 깨달아 있는지를 보여 주는 훌륭한 표시입니다. 만일 우리 스스로는 분명히 깨달았다고 생각하지만 다른 이들에게 부정적인 영향을 미친다면, 우리는 아마 우리가 믿고 싶은 만큼은 깨닫지 않았을 것입니다. 그렇다고 해서 우리가 행동하는 방식을 다른 사람들이 언제나 좋아할 것이라는 말은 아닙니다. 깨달음에서 나오는 행위는 아직 분리 속에 머물고 있는 마음에게는 자주 오해되기 때문입니다. 깨달음에서 나오는 행위는 자유롭게 합니다. 누가 그것을 좋아하든 싫어하든 상관이 없습니다. 질문은, "그것이 자유롭게 하는가?"입니다. 이것이 유일하게 가치 있는 질문이며, 그것이 깨달음의 유일한 증거입니다.

깨달음에서 나오는 행위는 자신이 무언가를 성취했다고 믿지 않는 겸손함에서 나옵니다. 당신이 더욱 겸손해질수록, 당신의 행동은 더욱 깨어 있을 수 있습니다.

⌐

질문 자아의 경계가 용해될 때, 몸에서는 어떤 일이 일어나는

지 좀 더 말씀해 주실 수 있겠습니까?

대답 열림이 시작되고 깊어짐에 따라, 몸은 엄청난 일을 겪을 수도 있습니다. 흔히 쿤달리니(Kundalini)로 인해 이러한 사건들이 일어난다고들 하는데, 그것을 그냥 몸의 에너지라고 부르면 이야기 나누기가 더 쉬워집니다.

열림이 진행됨에 따라 몸은 재조정됩니다. 공간이 활짝 열리면, 몸이 다시 조화로워져서 본래의 자연스러운 상태로 돌아갈 여지가 생깁니다. 이 과정을 거치는 동안, 어떤 사람들의 몸은 철저히 재정비되어 새로워지는 경험을 하게 됩니다. 이 과정은 상당히 드라마틱할 수 있습니다. 왜냐하면 육체적, 정신적, 감정적, 영적 수준 등 다양한 수준에서 갇혀 있던 에너지가 방출되기 때문입니다. 이 갇힌 에너지가 바로 당신으로 하여금 균형을 잃고 고통스러운 상태에 있게 한 장본인입니다. 갑자기 모든 긴장과 집착, 매듭들이 풀려나고, 에너지가 사방으로 흘러 나갑니다.

이 에너지가 다시 조화를 이루어 알맞은 흐름 속으로 들어가기 위해서는 속박에서 풀려나야만 합니다. 이 에너지의 폭발은 기분 좋게 느껴질 수도 있고 끔찍하게 느껴질 수도 있으며, 굉장히 강렬할 수도 있고 부드러울 수도 있습니다. 새롭게 조화를 이루는 데는 몇 주, 몇 달이 걸릴 수도 있고, 몇 년이 걸릴 수도 있습니다. 그 과정은 매우 강력할 수도 있고 잘 감지되지 않을 수도 있습니다. 사람마다 다릅니다. 그것은 당신이 얼마나 좋지 않은 상태에 있었느냐에 따라 좌우됩니다.

—

질문 가르침을 체화하는 길을 여는 데 가장 중요한 요소는 무엇입니까?

대답 가르침을 당신 참나의 표현으로 여기십시오. 그러면 자기 자신과 가르침이 따로 떨어져 있는 것으로 보이지 않을 것입니다. 그러면 가르침은 당신이 얻어야 할 목표가 되지 않으며, 당신 자신의 가슴이 반영된 것으로 보일 것입니다. 가르침을 이런 식으로 보면 가장 효과적인 태도를 지향하게 됩니다. 만일 영적 가르침을 자기의 참나, 자기의 깊은 내면이 반영된 것으로 보게 되면, 당신과 가르침의 관계는 가르침이 당신 바깥에서 오는 것으로 볼 때와는 사뭇 달라질 것입니다. 고립과 분리를 더욱 조장하는 가르침과, 고립과 분리를 더욱 줄여 주는 가르침의 차이는 그것입니다. 당신의 태도가 중요합니다.

질문 그런 태도는 이 '나'와 관련 있는 명백한 문제들을 부인할 것 같습니다.

대답 가르침을 향한 올바른 태도는 즉시 '나'라는 환상을 무효화시킵니다. 가르침이 당신 자신의 참나가 아닌 다른 것에서 나온다고 생각할 때에는 분리가 더욱 조장됩니다. 만일 가르침이 당신이 가슴속에서 이미 진실임을 알고 있는 것의 반영이 아닌 다른 어떤 것이라 생각한다면, 그것은 '나'라는 환상, 곧 찾는 자를 창조합니다.

___

질문 마음은 이 사랑의 광대함을 항상 파악할 수 있나요, 아니면 그것은 가슴속에서 파악되나요?

대답 파악한다는 개념에는 공감할 수가 없군요. 어떻게 당신이 자기 자신인 것을 파악할 수 있을까요?

질문 마음은 모든 것이 하나인 그 자리에서 어떻게 행동들이 일어나는 것처럼 보이는지 이해하지 못하는 것 같습니다.

대답 마음을 보지 마십시오. 생각하지 말고 그냥 존재하십시오. 고요히 있으면서 당신의 참나를 아십시오. 마음의 움직임

이전에 텅 비어 있음이 있습니다. 텅 비어 있음이 가슴의 지혜로 들어가는 문입니다. 자연스럽고 직관적인 그 지성은 참나에서 나옵니다.

———

깊은 깨어남은 항아리의 뚜껑을 열어 놓은 것과 같을 수 있습니다. 억눌려 있던 모든 카르마(karma), 의식하지 못하던 우리 불행의 밑바닥에 있던 모든 카르마들이 쏟아져 나옵니다. 마침내 그것들이 떠오를 수 있는 공간이 생겼기 때문입니다. 그것들이 당신의 따귀를 때릴 때, 당신은 당신의 자유가 어디로 가버렸는지, 무엇이 잘못되어 가고 있는지 몰라 어리둥절해합니다. 하지만 그것이 자유의 결과라는 것을 이해하십시오. 그것은 잘못된 것이 아닙니다. 모든 것은 위로 떠올라서 자유에 의해 변형되기를 원합니다. 만일 그것들이 떠올라서 이 알아차림의 공간 속에, 사랑 속에 들어오도록 허용한다면, 그것들은 다시 조화를 이룰 것입니다. 이 공간은 당신 자신이며, 무조건적인 사랑입니다. 무조건적이란 모든 것이 환영받고, 아무것도 버림받지 않으며, 그것과 구별되지 않는다는 말입니다.

질문 제 마음은 어떤 행동이 진실에서 나오는 것인지 아닌지를 평가하는 경향이 있는데, 사실은 진실이 무엇인지도 확신하지 못하는 것 같습니다. 어떻게 하면 어떠한 상황에서도 무엇이 진실인지를 아는 자리에 있을 수 있을까요?

대답 자기를 평가하는 메커니즘은 진리에 대한 인식을 왜곡합니다. 진리에 대한 앎은 고요한 마음, 평가하지 않는 마음, 알려고 애쓰지 않는 마음에서 일어납니다. '알 수 없는 것', 모름 속에서 편히 쉴 때 알아차림이 일어납니다. 모름 속에서 편히 쉬게 되면, 당신은 즉시 알게 됩니다.

질문 하지만 가끔은 모름 속에 가만히 있는데도 여전히 알지 못하는 것 같습니다.

대답 반드시 호기심을 가지고 모름 속에서 편히 쉬어야 합니다. 비록 모름 속에서 편히 쉴지라도, 여전히 호기심은 가지고 있어야 합니다. 여전히 알고 싶어 해야 하지만, 더 이상 알기위해 노력하지는 않는 겁니다. 그저 내면에서 알아차림의 움직임을 지켜보면서 민감하게 머무르십시오. 알아차림은 당신의 존재 안에서 살아 있음으로서 경험됩니다. 그것은 당신의 마음속에 있지 않습니다.

　(머리가 아닌) 목 아랫부분으로 들으십시오. 당신의 존재 속에 있으십시오. 그러면 제가 말씀드리는 것을 당신 안에서 느끼게 될 것입니다.

———

질문 당신은 우리가 얼마나 많이 전체와 충돌했는지 안다면 우리는 산산이 부서졌을 거라고 말한 적이 있습니다. 그것을 체화와 관련하여 말씀해 주시겠습니까?

대답 '나'가 하나임(oneness)이라는 비개인적 관점을 수용하려 하는 한, 항상 그것에 의해 산산이 부서지는 기분이 들 것입니다. 비개인적 관점은 '나'가 수용하기에는 너무나 클 것입니다. 물론 그것이 중요한 점입니다. 하나임이 완전히 분명하게 보일 때, 내가 그 하나(the One)라는 것이 보일 때, 하나임이 드러나서 '나'를 산산이 부숴 버립니다.

　하나임을 인식하는 것과, 내가 바로 그 하나라는 것을 인식하는 것은 큰 차이가 있습니다. 내가 그 하나라는 계시 속에서 진정으로 살아가기 시작하면, 그 계시가 인간 존재와 인간

112

의 개성을 통해 저절로 체화되기 시작합니다. 이때 만일 마음이 분리에 집착하면, 그 개인은 모든 것이 하나임을 알기 전보다 훨씬 심한 고통을 받게 될 것입니다.

———

질문 영성을 일상생활 속으로 통합하려면 어떻게 해야 합니까?

대답 "어떻게 통합하는가?"를 물을 것이 아니라, "누가 통합하려는 자인가?"를 물어야 합니다. 통합하려는 자를 넘어서면, 통합해야 할 이원성이 더 이상 지각되지 않습니다.

통합은 둘 사이에서 일어나는 일입니다. 하지만 일상생활과 영성 사이에는 그런 구별이 없습니다. 통합이라는 말은 당신이 마음의 거짓된 구별들에 여전히 집착하고 있다는 것을 의미합니다. 영적인 상태에도 집착하지 말고, 세속적인 상태에도 집착하지 마십시오. 당신은 상태 없는 상태입니다. 모든 것이 참나 안에 있으며, 참나의 표현입니다. '영적인 것'이라는 개념도 던져 버리고, '일상생활'이라는 개념도 던져 버리십시오. 오로지 나뉘지 않은 전체인 생명만이 있을 뿐입니다.

질문 깊은 영적 체험을 통해 알게 된 진실을 상대적인 세계에서 어떻게 살아 내고 드러낼 수 있을까요?

대답 내면의 영적 계시가 시공간의 전체 세계를 포함할 만큼 충분히 깊어지도록 하십시오. 당신의 영적 계시가 상대적 세계를 뛰어넘을 정도로만 크고 그것을 포함하지는 못한다면, 당신은 계속해서 이원성을 경험할 것이고, 따라서 상대적 세계와 끊임없이 다툴 것입니다. 절대의 영역에 집착하지 마십시오. 절대와 상대를 나뉘지 않은 전체로서, 당신 자신인 동일한 실재의 두 가지 표현으로서 보십시오. 모든 이원성을 넘어 이원성의 근원으로 가십시오. 그것은 이것도 저것도 아니지만, 자기를 이것과 저것으로 표현합니다.

—

질문 인간의 본성은 언제나 개인의 삶을 통해 하나의 개성으로 드러나고 있는데, 비이원성이 자기 안에 얼마나 체화되었는지를 어떻게 알 수 있을까요?

대답 되돌아보고 평가하는 누군가가 남아 있는 한, 해체는 끝난 것이 아닙니다. 가장 중요한 해체는 마음이 어떤 방식으로든 무언가를 자기로 여기는 경향이 해체되는 것입니다. 저는 '알 수 없는 것' 속으로 들어가서 기꺼이 죽겠다는 의지에 대해 말하고 있습니다. 더 이상 아무것도 자기로 여기지 않는다는 뜻입니다.

질문 그렇다면 비이원성이 완전히 체화된 삶은 어떻게 살아갑니까? 그런 삶의 특징은 무엇입니까?

대답 경이로움이지요. 늘 놀라워합니다. 언제나, 언제나, 언제나 놀라워합니다. 왜냐하면 과거, 현재, 미래에 대한 집착이 더 이상 남아 있지 않기 때문입니다.

―

인간은 의식을 (의식 자신의 무한한 표현인) 모습들과 연결하는 역할을 합니다. 깨어 있는 인간의 모습을 통해, 의식은 자기를 모습 없음으로서 그리고 모든 모습으로서 의식하게 됩니다. 그것이 바로 참된 현자들에게는 모든 것이 신이고, 전체이며, 완전한 이유입니다. 모든 것은 신, 곧 참나입니다.

질문 자기탐구(self-inquiry)와 자기지정(self-referencing)의 차이는 무엇이고, 그것은 체화와 어떤 관련이 있습니까?

대답 체화에 관해 제가 말씀드리는 것은 지속적인 자기탐구입니다. 대다수 사람들은 자신이 모습 없는 의식이라는 것을 깨닫고는 자기탐구를 멈춥니다. 그러나 체화를 말할 때 저는 자기탐구를 세상 속으로 다시 가져가는 것을 말하고 있습니다. 세상은 꿈으로 인식되든 그렇지 않든 여전히 남아 있습니다. 이것은 그 세상이 무엇인지를 탐구하는 것입니다.

"나는 모습 없는 의식이다."라는 깨달음은 단지 "나는 하나의 개별적인 사람이다."의 반대일 뿐입니다. 그런 깨달음에도 불구하고, 개인의 모습은 여전히 남아 있을 것입니다. 그러므로 체화는 "존재하는 모든 것은 '하나의 의식'의 '하나의 몸'이다."라는 깨달음의 반영일 뿐입니다. 이것은 드러난 것과 드러나지 않은 것을 모두 포함하는 전체성으로, 완전함으로 돌아가는 것입니다. 그것은 '모습 없는 의식'과 '모습의 세계'가 단순히 이름 붙일 수 없고 불가사의한 전체의 두 측면이라는 것을 인식하는 것입니다.

자기지정은 자기가 있는 특정한 위치를 가리키려는 마음의 경향성입니다. 당신이 인식할 수 있는 모든 것은 부분적입니다. 따라서 전체인 당신의 참나를 담을 수는 없습니다. 그러므로 '인식하고 있음'(the perceiving)에서 분리되어 있는 자아는 없다는 사실을 깨달을 때, 자기의 참나를 어떤 경험이나 통찰, 개념에서 찾으려고 애쓰는 경향성은 멈추게 됩니다. 이것이 바로 지고의 성취는 하나의 경험이 아닌 이유입니다. 그것은 인식할 수 있는 것이 아닙니다. 그것은 당신 자신을 찾으려는 노력의 종말입니다. 왜냐하면 의식에서 분리되어 있는 자아는 없기 때문입니다.

─

　　오직 '인식하고 있음'만 있을 뿐, '인식하는 자'는 없습니다. '인식하는 자'는 없으며 오로지 '인식하고 있음'만이 존재한다는 사실을 깨달으면, '인식하고 있음'과 '인식되는 것'은 동전의 앞면과 뒷면처럼 통일된 전체의 두 측면으로 보이게 됩니다. 동전의 앞면과 뒷면은 분리될 수 없습니다.

몸은 의식의 감각 기관입니다. 몸과 마음이 없다면 나무들은 자기를 볼 수 없을 것입니다. 우리는 흔히 우리가 나무를 보고 있다고 생각하지만, 나무는 우리를 통해 스스로를 보고 있습니다. 인간이라는 도구가 없다면 나무는 자기를 볼 수 없게 됩니다. 우리는 신성한 존재의 감각 기관입니다.

—

질문 당신은 비이원성을 어떻게 정의하십니까?
대답 개념화의 중지. 마음 이전의 인식. 마음 없이 인식함.

—

깨달음에서 나오는 행동은 흔적을 남기지 않습니다. 깨달음에서 나오는 행동은 마음이 아니라 텅 빔(空)에서 직접 일어납니다. 그것은 자연스럽게 즉각 일어납니다. 만일 그것이 말의 형태로 일어난다면, 그 말은 텅 빔에서 일어납니다. 그것이 행위의 형태로 일어난다면, 그 행위들은 텅 빔에서, 개인성과 마음 '이전'에서 일어납니다.

8

자기보다 더 큰 사랑

⁓

사랑은 사랑이 아닌 모든 것을 태워 버리는 불길입니다.
사랑은 거짓된 모든 것을 파괴하고
참된 모든 것을 실현합니다.

깨어남을 체험할 때 우리는 개인적인 자유를 발견합니다. 개인적인 자유는 이제까지 일어난 모든 일로부터의 자유입니다. 그것은 정체성으로부터의 자유인데, 정체성은 우리를 몸과 마음, 기억, 그리고 우리가 자신에 대해 가지고 있는 모든 생각으로 한정합니다. 개인적인 자유 속에 있을 때 우리는 "나는 자유롭다."고 느낍니다. "나는"은 개인적인 것이라는 냄새를 풍깁니다. 이 지점에서는 자유가 "나는"과 연관이 있지만, 나중에는 "나는"을 넘어설 것입니다.

당신이 개인적인 모든 것으로부터의 자유에 더 이상 매혹되지 않게 되면, 개인적이라 할 수 있는 그 어떤 것보다 더 큰 사랑이 일어납니다. 인간의 가슴속에서 시작되는 이 사랑은 이전에 경험했던 그 어떤 것보다 훨씬 큰 무언가를 추구합니다. 그것은 전체의 해탈을 추구하는 사랑입니다. 그 빛 속에서,

개인적인 해탈은 사소한 것으로 보이기 시작합니다.

개인적인 해탈로부터 결코 개인적이라 할 수 없는 것을 향한 훨씬 큰 사랑과 관심으로 확장되는 것, 이것은 영적 구도자들이 가장 대처하기 힘든 일 가운데 하나입니다. 이 사랑은 너무나 커서, 자기만의 해탈에 이기적인 관심을 가지고 매혹되어 있는 우리에게는 종종 위협적인 것으로 느껴집니다. '위협적'이라는 말은 너무나 큰 어떤 것 앞에서 그러한 이기적 관심이 작아 보인다는 뜻입니다.

제가 말씀드리는 사랑은 깨달음의 깊은 심연(深淵)에서 직접 나옵니다. 그 사랑은 올바른 일을 한다든가 착한 사람이 된다든가 하는 것과는 아무런 상관이 없습니다. 그런 생각은 영적인 옷을 입고 변장한 에고적인 마음에서 일어납니다. 저는 마음 너머에서, 의식 그 자체에서 나오는 사랑의 힘에 대해 말씀드리고 있습니다.

⸺

질문 영성(靈性)에 매료된 사람과, 살아가는 모습으로 영성을 실제 보여 주는 사람의 차이는 이 거대한 사랑으로의 깨어남인가요?

대답 매료되어 행동하는 사람은 여전히 어떤 종류의 영적 이미지나 지적인 호기심에 관심을 가지고 있습니다. 개인보다 훨씬 큰 사랑은 본래 완전히 다른 곳에서 나옵니다. 그 사랑은 진리가 전체의 진화를 위하여 인간의 개성을 통해 표현되고자 한다는 것을 통찰하는 자리에서 나옵니다. 제가 말씀드리는 사랑은 당신이 전체라는 통찰에서 나옵니다.

질문 많은 사람들이 자기의 전부를 바치는 걸 주저하는 지점이 이곳인가요?

대답 제가 말씀드리는 것은 사랑의 깨어남인데, 사랑이 깨어나면 자기 안에서 무슨 일이 일어나든 중요해 보이지 않게 됩니다. 그런 사람에게는 이기적인 관심이 알아차림의 중심에서 떨어져 나갑니다. 깨달음은 '나'를 초월하는 경험일 뿐만 아니라, 분리된 개인으로서의 '나'가 더 이상 어떤 중요성도 갖지 못하는 상태입니다. 항상 이 절대적인 곳에서 시작하지는 않지만, 비개인적인 사랑이 당신을 밀어붙이는 방향은 이 깨달음입니다. 이 지점, 이 시기에 흔히 일어나는 일은, 자기에게 집착하는 '나'의 남아 있는 것들이 비명을 지르면서, 자기가 그 큰 사랑 속으로 사라지게 놓아두면 안 되는 101가지 이유를 찾아내기 시작한다는 것입니다.

질문 제가 관심 있는 것이 바로 그 밀어붙임, 그 전개 과정입니다. 그 과정에 대한 경험을 좀 더 듣고 싶군요.

대답 궁극적으로 우리는 그 완전히 비개인적인 사랑의 움직임에 '예'라고 말하거나 '아니요'라고 말할 것입니다. 궁극적으로 '예'라고 말하는 지점에 도달하는 길은 멀 수도 있고 그렇지 않을 수도 있습니다. 하지만 우리는 반드시 그 지점에 도달해야 합니다. 신은 오로지 조건 없는 '예'를 기다리고 있을 뿐입니다.

질문 거기에 이르기까지 시작과 중단을 반복하게 되지 않나요? 그리고 계속해서 '예'라고 말하기를 선택해야 하나요?

대답 순간순간의 선택이 더 이상 없는 지점에 도달하는 것이 핵심입니다. 물론 그것은 계속적인 순간순간의 선택일지도 모르지만, 문제는 선택하는 일은 노력이 필요하다는 것입니다. 그것은 매 순간 어디로 가야 할지 확신하지 못하는 결정입니다. 하지만 단순히 '예'라고 말하는 시기가 올 수 있고, 와야만 합니다. 당신은 선택이 사라지기 때문에 선택이 이미 이루어졌다는 것을 속으로 압니다. 그것은 궁극적으로, 대다수 사람들이 몹시 다루기 어려워하는 양자택일에 이르게 합니다. '나'

의 남아 있는 것들은 항상 회색지대를 찾으려 합니다. 우리가 회색지대를 찾고 있는 한, 그것은 우리가 오직 사랑만을 찾는 그 사랑을 내면에서 제대로 성찰해 보지 않았다는 뜻입니다.

———

사랑은 개인적인 자기를 초월할 때 나타나는 굉장한 보살핌입니다. 이렇게 초월할 때 놀라운 무언가가 나타납니다. 깊은 사랑과 보살핌이 텅 빔 안에서, 어딘지 모를 곳에서 나타납니다. 이 사랑과 보살핌은 매 순간, 모든 상황에서 오직 진리만을 찾습니다.

———

진정한 사랑은 개인적이라 불릴 수 있는 그 어떤 것보다 훨씬 거대한 것입니다. 진정한 사랑은 비개인적인 기적입니다. 그것은 실재 자체의 본성입니다. 그것은 나뉘지 않은 참나의 자연스럽고 자발적인 표현입니다.

질문 어떤 사람들은 당신의 말을, '나'가 자기에게 초점을 맞추는 대신에 전체에 초점을 맞추는 법을 배워야 한다는 얘기로 생각할 수도 있습니다. 하지만 사랑은 그 '나'가 떨어져 나가는 데서, 자신이 전체와 다른 것이 아니라는 깨달음에서 나오지 않나요?

대답 그렇습니다. 제가 말씀드리는 사랑은 새롭게 만들어질 수 있는 것이 아닙니다. 개인 자신보다 더 큰 사랑은 원래 우리가 만들어 낼 수 없는 것입니다. '나'는 아무리 원한다고 해도 그 사랑을 만들어 낼 수가 없습니다. 이 사랑은 참나에서, 참나를 깨닫는 데서 나타납니다.

질문 '나'가 남아 있을 때는 이 사랑을 도무지 알 수가 없겠죠.

대답 맞습니다. 기껏해야 직감할 수 있을 뿐입니다. 이 정도의 사랑을 직감하는 사람은 자석처럼 이 사랑에 이끌리며, 동시에 두려움을 경험할 것입니다. 이 사랑은 모든 분리감, 모든 '나'임(me-ness), 모든 이기적 관심의 소멸을 추구합니다.

질문 더 미묘한 귀를 발달시키면 이 직감을 얻는 데 도움이 될까요?

대답 어떻게 해서든 내면에서 하나임을 직감할 수 있도록 귀를 기울이고 느껴 보십시오. 하나임의 느낌이 바로 사랑입니다. 하나임을 경험하는 것이 바로 당신의 참된 본성을 깨닫는 것입니다. 당신이 개인적인 '나'의 관점에 갇혀 있을 때는 사랑이 당신이 아닌 것 또는 당신보다 큰 것으로 보입니다. 이 비개인적인 사랑은 사실은 바로 당신입니다. 왜냐하면 진정 있는 그대로의 당신은 결코 개인적인 것이었던 적이 없기 때문입니다. 어떤 의미에서, 그것은 단지 깨달음이 얼마나 깊어졌는가, 깨달음이 얼마나 철저한가 하는 문제일 뿐입니다.

질문 사랑, 사랑하는 자, 사랑받는 자는 모두 하나가 됩니다.

대답 예. '우리가 전체'라는 것을 깊이 깨달은 뒤에야 우리는 참으로 전체를 사랑할 수 있습니다. 그렇지 않으면 그 사랑의 광대함은 언제나 '나'에게 하나의 위협으로 경험될 것입니다.

———

사랑은 '나'를 보살피지 않습니다. 사랑은 오직 참되고, 나뉘지 않고, 전체인 것을 보살핍니다. '나'가 녹아 없어질 때, 너무나 커서 마음이 도저히 이해할 수 없는 '하나임'에 '나'가 스스로

굴복할 때, 그것이 사랑입니다.

—

질문 이 사랑 안에서, 이 개인 안에 장애물이 있다는 인식이 타당한 것이며, 더 열리기 위해 취해야 할 조치들이 있습니까?

대답 유일한 실제 장애물은 장애물을 가진 '나'의 존재를 믿는 것입니다. '나'는 늘 자기가 장애물을 가지고 있다고 인식할 것입니다. '나'가 자기에게 장애물이 있다고 인식하지 않는 때는 결코 오지 않습니다. 장애물을 가진 '나'가 있다는 잘못된 인식이 바로 가장 큰 장애물입니다.

—

질문 비개인적인 사랑 속에는 감정적인 느낌들을 위한 공간이 있나요?

대답 비개인적인 사랑은 느낌이 아닙니다. 하지만 그 속에는 느낌과 감정이 있을 수 있으며, 분명 있습니다. 하지만 그 느낌과 감정은 개인적인 '나'에서 나오는 것이 아닙니다. 그 느낌과 감정은 개인적인 '나'의 부재에서 나옵니다.

질문 그렇다면 비개인적인 사랑 안의 느낌들은 긍정적인 느낌들뿐인가요?

대답 오직 개인적인 '나'만이 느낌들에 긍정적이라거나 부정적이라는 개념을 덧붙입니다. 비개인적인 관점에서 보면, 느낌들은 그저 느낌일 뿐입니다. 어떤 것들은 긍정적이라 할 수 있는 범주에 들어가고, 다른 것들은 부정적이라 할 수 있는 범주에 들어갑니다. 하지만 궁극적인 관점에서 보면, 그것들은 단지 분열을 일으키는 임의적인 범주들일 뿐입니다.

질문 비개인적인 사랑 안에서는 느낌들을 경험하지만 전혀 집착하지는 않나요? 집착이 저를 다시 개인적인 것으로, 분리감 속으로 붙잡아 끄는 것 같습니다.

대답 느낌들은 중요한 게 아닙니다. 분리감과 고통, 허구적인 '나'를 창조하는 것은 바로 그 느낌들에 대한 집착입니다.

⸻

참된 사랑 앞에서, 개인적인 해탈이나 자유에 집착하는 것은 어리석은 짓입니다. 사랑은 당신을 전체에 대한 불가사의한 열정과 완전한 헌신으로 데려가는데, 그곳에서는 혼자만을 위해 사는 것이 정말 미친 짓으로 보입니다. 마음은 개인적인 것에 대한 강박적인 집착이 미친 짓이라는 것을 보고 싶어 하지 않으며, 오히려 그 속에서 의미를 찾으려 합니다. 사랑의 관점에서 보면, 모든 거짓된 것은 진리 하나만을 위한 열정 속에서 소멸되어 버립니다.

—

질문 깨어남의 결과에 대해 생각해 보면, 불교인들이 말하는 '중생 구제'가 떠오르지만, 제 삶에서는 정확히 어떤 형태로 나타날지 모르겠습니다.

대답 '중생 구제'는 당신이 하는 일이 아닙니다. 중생 구제란 동사(動詞)이며, 당신이 그 동사가 됩니다. 당신이 중생 구제가 됩니다. 당신 자신이 바로 중생 구제입니다. 그 안에서 아주 자연스럽게 사랑과 자비, 지혜가, 그리고 다른 무엇보다도 진리에 대한 헌신이 자연발생적이면서도 애씀 없이 발현됩니다. 중생 구제는 당신이 하는 일이 아닙니다. 그것은 진정한 당신을 나타내는 정의입니다.

질문 당신은 깨달음이란 비개인적인 것이라고, 다시 말해, 깨어남의 진정한 결과는 개인적인 것을 넘어 훨씬 널리 확대되는 것이라고 말씀하셨습니다. 무슨 뜻인지 설명해 주시겠습니까?

대답 개인적인 깨달음은 배타적인 초월입니다. 거기에서는 시공간의 세계가 제외됩니다. 그것은 시공간이라는 상대적 세계를 초월적으로 배제하여 영원에 도달합니다. 비개인적인 깨달음은 모든 것을 포함하는 초월입니다. 그것은 시공간의 세계가 영원의 '표현'이라는 것을 봅니다. 그러므로 그것은 진실로 비이원적인 관점입니다.

개인적인 깨달음의 영향은 정말 심오하지만, 비개인적인 깨달음의 영향은 가장 긍정적인 의미에서 세상을 산산이 부수는 것입니다. '당신이 바로 전체'라는 것을 깨닫게 되면, 제 말이 무슨 뜻인지 알게 될 것입니다.

질문 사랑의 광대함을 발견한 후, 저는 그것을 붙잡고 이해하려 애썼습니다. 지금 저는 몹시 괴로운 상실감을 경험하고 있습니다. 모든 것을 포함하는 사랑을 직접 경험하지 못하고 있기 때문입니다.

대답 마치 그 사랑이 당신 자신이 아닌 다른 것인 양 바라보는 행위를 멈추십시오. 당신 자신이 아닌 다른 것인 양 사랑을 바라보는 한, 당신은 언제나 당면한 일에 무력감을 느낄 것입니다.

질문 그 사랑을 바라보면 분리감이 생깁니다.

대답 예. 당신 자신이 바로 그 사랑일 수 있다는 가능성을 혜아려 보고, 그 사랑이 요구하는 모든 것에 단순히 '예'라고 말해 보십시오. '아니요'의 편을 들지 마십시오. "나는 할 수 없어."의 편을 들지 마십시오. 그 사랑이 당신의 참나임을 보십시오. 그러면 그 사랑에 '예'라고 하는 응답이 당신의 가장 깊은 본성에서 나옵니다.

그것은 마음이 겸허해지도록 허용하는 일, 마음이 그런 거대한 사랑을 어찌해야 할지 모르도록 허용하는 일입니다. 그 다음에는 자신이 그렇게 머물도록 허용하십시오. 그것이 열쇠입니다. 마음으로 그 사랑을 수용하려 하지도 말고, 이해하려

하지도 마십시오.

질문 그게 바로 제가 한 일입니다. 저는 그 사랑을 수용하려 했고 이해하려 했어요.

대답 그럴 필요가 없습니다. 그저 당신이 바로 그 사랑이라는 사실을 보고, 그 사랑으로 있으십시오. 사랑이기 위해 사랑을 이해할 필요는 없습니다.

—

질문 저는 동물과 아이들을 학대하는 사람들을 볼 때마다 큰 슬픔을 느낍니다. 그런 행위를 하는 사람들을 어떻게 사랑할 수 있을까요?

대답 사랑의 관점은 어느 누구도 배제하지 않습니다. 사랑은 사랑하지 않는 사람들까지 사랑합니다. 사랑하지 않는 사람들이 변할 수 있는 유일한 기회는 그 사랑과 접촉하는 것입니다.

질문 예전에는 신에게 화가 났는데, 지금은 그들에게만 화가 납니다.

대답 그들이 바로 신입니다.

—

질문 사랑으로 존재하는 데는 깊은 책임이 따르는 것 같습니다.

대답 예, 마음이 상상하거나 견딜 수 있는 것 이상으로요. 만일 자신이 전체에게 어떤 영향을 끼치는지를 대다수 사람들이 깨닫는다면, 그 사실을 깨닫는 것만으로도 더 이상 그런 행위를 계속하지 못할 것입니다. 당신이 할 일은 오직 '예'라고 말하는 것뿐입니다. 그것을 큰 과제로 여기지도 말고, 큰일로 여기지도 마십시오. 그저 '예'라고 말하십시오. '예'라고 말하는 것이 어떤 의미인지 몰라도, 그냥 그렇게 말하세요. 당신은 '예'라고 말하는 것이 어떤 의미인지 결코 모를 것입니다. 그래도 그냥 그렇게 하세요. 당신이 존재의 알 수 없는 신비 속으로 사라질 때, 자유와 사랑이 나타납니다.

9

해탈이란 무엇인가?

⌒

당신은 당신이 경험하고 있는 것들보다 훨씬 작습니다.

그렇기 때문에 당신은 훨씬 더 큽니다.

해탈은 찾는 자와 찾음, 그리고 찾으려는 대상이 끝나는 것입니다. 그것은 투쟁과 분리, 두려움의 종말입니다. 그것은 모든 경험과 경험하는 자의 너머에 있습니다. 당신은 해탈을 실현하기 위해 태어났습니다. 그것은 당신 참나의 본성입니다.

질문 깨달음과 해탈은 어떻게 다릅니까?

대답 깨달음은 해탈에 이를 수 있는 직접적인 경험과 통찰입니다. 깨달음은 우리가 정말로 놓아 버리도록 허용합니다. 그 놓아 버림의 결과가 해탈입니다.

우리는 수많은 영적 깨달음과 영적 체험, 깊은 통찰을 할 수 있지만, 그럼에도 불구하고 여전히 깨달음의 체험에 매우 집착할 수 있습니다. 이런 면에서는 깨달음 그 자체가 중독의 형태를 띨 수 있습니다. 마음은 깊고 심오한 깨달음과 영적 체험조차 매혹의 대상에 불과한 것으로 만들어 버릴 수 있습니다.

해탈은 모든 체험, 모든 통찰의 너머에 있습니다. 그것은 궁극적인 비(非)성취입니다. 깨달음은 종종 비범하면서도 재미있습니다. 해탈은 평범하면서도 철저합니다. 앞에서 말했듯이, 깊고 심오한 깨달음이 당신에게 열어 줄 수 있는 비(非)상태에 자기를 완전히 내맡긴다면, 깨달음은 해탈로 이어질 수 있습니다.

─

질문 당신은 모든 것이 의식이라고 말씀하셨습니다. 그런데 해탈은 의식을 넘어선 것이라고도 하시는군요. 무슨 뜻인지 설명해 주시겠습니까?

대답 오직 의식만이 있습니다. 의식하고 있는 의식으로부터 따로 떨어져 있는 개인은 없습니다. 개인이 바로 의식이며, 개인을 알아차리는 의식이 바로 의식입니다. 모습이 있든 없든,

존재하는 모든 것은 의식입니다.

의식 이전에는 텅 빔(空)이 있습니다. 텅 빔은 모습이 없는 것도 아니고, 어떠한 모습을 가진 것도 아닙니다. 텅 빔은 존재하는 것도 아니고, 존재하지 않는 것도 아닙니다. 그것은 모든 개념적 이해를 넘어선 것이기 때문입니다. 마음도, 감각도, 의식도 텅 빔에 접촉할 수 없습니다. 텅 빔은 궁극의 원리이자 참나이며, 모든 것의 근원입니다. 의식의 그 알아차림이 텅 빔입니다.

밤에 잠이 들면 당신은 더 이상 의식이 없습니다. 그러나 알아차림은 있습니다. 잠이 들면, 더 이상 의식이 없고, 존재함도 없고, 하나임도 없습니다. 하지만 '당신'은 여전히 있습니다. 그것이 무엇입니까?

질문 잠이 들면 저는 아무것도 알아차리지 못합니다.

대답 누가 이렇게 말합니까? 당신이 알아차리지 못한다는 것을 당신은 어떻게 압니까? 당신은 틀림없이 자신이 알아차리지 못한다는 것을 알아차리고 있습니다. 나는 알아차리지 못한다고 말하는 그 알아차림은 누구입니까?

질문 잠에서 깨어나면, 자는 동안 알아차리고 있었다는 기억이 없습니다.

대답 그러나 깨어날 때도 당신은 잠이 들었던 바로 그 동일한 사람입니다. 무언가가 밤에도 계속되었습니다. 몸과 마음, 기억 이상의 어떤 것이 말이죠. 만일 지속적인 알아차림이 없었다면, 몸이 깨어나도 당신은 자신이 누구인지 모를 것입니다. 알아차림이 없다면 기억은 아무것도 아닙니다. 알아차림이 제1원리[14]입니다. 그것에 주의를 기울이면, 그것은 어떤 상태에서도 더욱 강렬해질 것입니다. 당신의 자유를 오고 가는 것에 얽어매지 마십시오. 해탈이란 당신이 늘 있는 '그것'이라는 사실을 발견하는 것입니다. 하지만 제 말을 이해하는 것만으로는 부족합니다. 당신이 그것이어야만 합니다. 의식적으로 말이죠.

———

질문 해탈한 사람들이 세상에서 활동하도록 동기를 부여하는 것은 무엇인가요? 다른 사람을 도우려는 욕망일지라도, 욕망이라는 동기가 없다면 활동하려는 동기가 전혀 없을 것 같은

———

14 현상의 배후에서 현상을 지배하는 근본원리.

데요.

대답 해탈 속에 있을 때 당신은 어떠한 인과관계보다 앞선 상
태에 있습니다. 그러므로 행동들은 그 행동을 위한 어떠한 동
기도 없이 일어납니다. 당신이 행동하는 것은 자기를 위해서
도 아니고, 다른 사람들을 사랑해서도 아닙니다. 당신은 모든
동기의 이전에 있습니다. 행동은 그저 일어날 뿐입니다. 겉보
기에는 그런 행동들이 다정하고 친절하며 현명해 보일지 모르
지만, 해탈한 사람에게는 모든 행동이 아무런 동기 없이 자발
적으로 일어납니다. 행동들은 가장 자연스럽고 근본적인 상태
에서 일어납니다.

질문 그렇다면 당신은 어째서 샷상(satsang)[15]을 베푸십니까?

대답 저도 모릅니다. 아침에는 해가 떠오르고, 저녁에는 해가
다시 집니다. 구도자들은 의문을 가지고 있고, 그것이 스승과
가르침을 생겨나게 합니다.

질문 당신은 비개인적인 깨달음과 전체를 향한 깊은 사랑에
대해 말씀하셨습니다. 어떻게 그것이 동기를 가지지 않는 것
과 어울릴 수 있습니까?

---

15 샷(sat)은 '진리', 상(sang)은 '모임'이란 뜻. 일반적으로는 진리를 깨달은 스승
과의 모임을 뜻한다.

대답 먼저, 당신은 개인적인 자유를 깨닫습니다. 자신이 모습 없는 의식이라는 것을 깨닫는 겁니다. 당신은 의식이며, 당신에게는 몸-마음이라는 정체성이 없습니다. 그 뒤에는 비개인적인 자유로 깨어납니다. 이것이 전체를 향한, 모든 존재와 모든 사물에 대한 광대한 비개인적인 사랑의 탄생입니다. 그것은 '당신이 바로 전체'라는 깨달음입니다. 그러므로 어떤 의미로든 개인적인 자유는 훨씬 거대한 사랑에 비하면 하찮아 보입니다. 이것은 온갖 개인적 집착들을 최고의 선(善), 즉 참나에게 넘겨주는 단계입니다. 자기중심적인 관심이 용해됨에 따라, 모든 것을 포함하는 사랑이 당신을 두 팔로 안아 올려 봉사와 축복, 사랑의 새로운 삶으로 이끕니다.

해탈이 시작됨과 더불어 모든 동기가 떨어져 나갑니다. 그러면 어떤 이유나 동기로 행동하지 않게 되며, 행동이 그저 일어납니다. 많은 사람들이 개인적인 자유를 해탈로 오인합니다. 왜냐하면 개인적인 자유 속에서는 행동을 위한 자기중심적 동기를 상실하는 것이 다반사이기 때문입니다. 자신이 지고의 상태에 있다고 생각하며 거기에 갇혀 있는 사람들이 많지만, 사실 그들은 자기중심적 동기들의 부재에 갇혀 있습니다. 그들은 아직 진정으로 자아 없는, 비개인적인 사랑과 봉사의 삶으로 깨어나지 못했습니다.

해탈은 비개인적인 자유 너머에 있습니다. 해탈한 사람은 개인적인 동기든 비개인적인 동기든 모든 동기를 초월했습니다. 모든 행위는 자발적으로 일어나며, 자신이 행위를 하는 행위자라는 느낌이 전혀 없습니다. 해탈한 사람은 의식과 관련되지만 거기에 머무르지는 않습니다. 해탈한 사람은 의식 이전에 존재하는 궁극의 원리로, 의식적으로, 돌아갔습니다. 그는 의식의 알아차림입니다. 진화가 그의 내부에서 일어났습니다.

———

질문 방심하지 않고 끊임없이 경계하는 자세를 마침내 내려놓아도 되는 때가 올까요?

대답 경계하는 것과 경계하지 않는 것은 둘 다 '나'와 관련이 있습니다. 전자는 "나는 방심하지 말고 끊임없이 경계해야 해."라고 하는 것이고, 후자는 "이제 나는 그렇게 경계하지 않아도 돼."라고 하는 것입니다. 해탈은 양극단으로부터의 자유입니다. 경계와 경계하지 않음이라는 개념은 해당하지 않습니다.

질문 이곳에는 발을 디디는 것이 가능하지 않다는 의미입니까?

대답 당신은 어떤 경험이나 통찰, 상태에 집착하거나 의지한다는 의미로 발을 디딘다는 말을 사용하는 것 같군요.

어떤 것이 가능하지 않다고 말하는 순간, 당신은 그것이 가능해질 뿐만 아니라 충분히 가능해질 수 있는 문을 열어 버렸습니다.

———

질문 무엇이 무엇으로부터 해탈하는 것입니까?

대답 당신이 그런 질문들로부터 해방됩니다. 진지해지십시오. 단순한 호기심으로 질문하지 마십시오. 위험한 질문을 하십시오. 그에 대한 대답이 당신의 삶을 뒤바꾸어 놓을 그런 질문을 말입니다.

———

질문 고통은 해탈하고자 하는 욕망의 근원인 것 같습니다. 그렇다면 고통을 기꺼이 받아들이는 것이 해탈을 위한 열쇠일까요?

대답 고통을 기꺼이 받아들인다는 말이 그것을 회피하지 않는다는 뜻이라면, 그렇습니다. 고통을 기꺼이 받아들이되, 고통에 탐닉하지는 마십시오. 고통을 기꺼이 받아들이면 고통을 넘어갈 수 있습니다. 스스로 물어보십시오. 누가 고통을 받는가? 누가 기꺼이 받아들이는가?

고통을 받으면서도 해방을 원하지 않는 사람들이 아주 많습니다. 해방되고자 하는 소망은 '분리된 나'의 너머에서 '분리된 나'라는 감각 속으로 들어옵니다. 그것은 깨어난 혹은 아직 깨어나지 않은 진화의 충동입니다. 자유롭고 싶은 충동은 그 과업을 달성하기 위해 고통을 이용할 수도 있지만, 그러기 위해 반드시 고통이 필요한 것은 아닙니다. 고통에는 대단한 목적이나 중요성이 없습니다. 고통은 시간의 낭비입니다. 만일 당신이 고통스럽다면, 당신은 진리를 인식하지 못하고 있습니다. 모든 것을 보는 참되고 올바른 관점을 찾으십시오. 먼저 자기 자신을 보는 참된 관점을 찾으십시오.

자유로운 사람들은 아무것도 원하지 않습니다. 그들은 마음에게 아무것도 원하지 않으며, 감정에게도 아무것도 원하지 않으며, 다른 사람에게도 아무것도 원하지 않으며, 삶에게도 아무것도 원하지 않습니다. 그들은 아무것도 원하지 않습니다. 당신이 원하는 게 없다면, 남아 있는 전부는 믿어지지 않는 자유로움입니다.

—

질문 해탈은 궁극적인 멈춤이나 휴식이 아닌가요? 만일 결코 멈춰 서지 않는다면, 그런 삶은 어떻게 보일까요?

대답 해탈은 '멈추는 것'이 아니라 '끝나는 것'입니다. 둘은 매우 다릅니다. 끝난다는 것은 소멸을 뜻합니다. 그것은 동일시의 종말을 의미합니다. 멈추는 것은 움직이지 않음을 의미하지만, 끝난다는 것은 다툼이 끝나는 것입니다. 멈추는 것은 신호등이 빨간불로 바뀔 때 하는 행동입니다. 다툼이 끝난다는 것은 세상에서 아무 걱정 없이 허공 속으로 자유 낙하를 하는 것과 같습니다.

깨달음이 성숙해지면, 당신은 깨달았지만 그 깨달음에 비추어 볼 것은 아무것도 없습니다. 따라서 아주 자연스럽게, 깨달음에 취하지 않고 냉철함을 유지하게 됩니다. 그것이 바로 모든 시대의 성자들이 '가장 심오한 깨달음은 체험을 넘어선 것'이라고 말했던 이유입니다. 왜냐하면 그것에 대해 야단법석을 떨 사람이 더 이상 남아 있지 않기 때문입니다. 이것이 바로 얻을 바 없는 것을 얻는 것입니다.

질문 궁금하군요. 당신은 어려움을 조금도 인식하지 못하나요?

대답 어려움도 없고, 어렵지 않음도 없습니다. 모든 일은 단순히 있는 그대로 있을 뿐입니다. 해탈은 지금 있는 것을 완전히 받아들이는 것입니다. 모든 것을 받아들이십시오. 그러면 더 이상 어떤 것에도 얽매이지 않을 것입니다. 그 무엇이든 받아들일 때 그것을 넘어서게 됩니다. 해탈은 완전한 받아들임이며, 그러므로 완전한 초월입니다.

—

그 무엇이든 받아들일 때 그것을 넘어서게 됩니다. 모든 것을 받아들이면, 모든 것을 넘어섭니다. 세상을 넘어서면, 당신은 세상 속에서 자유롭습니다. 당신이 곧 세상이기 때문입니다. 당신이 바로 존재하는 모든 것이라는 앎이, 그 앎 자체가 세상 너머에 있고, 의식 너머에 있으며, 모든 것 너머에 있습니다. 진정으로 해탈한 사람은 의식의 하나임조차 초월하며, 마치 깊은 잠을 자면서도 완전히 깨어 있는 것과 같습니다.

—

질문 만일 목표도 없고 바꿀 것도 없고 찾아야 할 해답도 없다면, 어떻게 하는 것이 탐구를 하는 알맞은 태도입니까?
대답 모든 탐구는 단 하나의 목적을 위한 것이며, 그것은 당신으로 하여금 최대한 효율적으로 '알 수 없는 것'을 경험하게 하려는 것입니다. 거기에 도달하게 되면, 그냥 가만히 있으십시오. 왜냐하면 탐구가 당신을 그 목적지까지 데려다 주었기 때문입니다. 나머지는 은총에 달려 있습니다.

―

어떤 지식을 얻게 되든지 그 지식에 집착하지 마십시오. 가장 놀라운 계시조차 집착해서는 안 됩니다. 그러지 않으면 결국 머리는 온갖 기억으로 가득하지만 가슴은 텅 빈 채로 끝나게 될 것입니다. 진리는 언제나 새롭고, 오직 바로 지금에만 존재하고 있습니다. 지고의 진리는 지식과 경험의 너머에 있습니다. 그것은 시간과 공간의 너머에 있으며, 존재와 의식, 하나임의 너머에 있습니다.

―

질문 당신의 알아차림은 앞으로도 변함없이 최종적이면서 완벽할까요? 아니면, 그럴 수 있을까요?

대답 최종적인 것은 없으며, 최종적이지 않은 것도 없습니다.

질문 그 알아차림은 모든 것을 초월합니까? 그것들이 개념들이기 때문에?

대답 자기 자신이 무엇이고 누구인지를 완전하고, 절대적으로, 철저하게 깨닫게 되면, 의심이 전혀 없으며, 그러므로 고통도 없습니다. 그 사람에게는 더 이상 고통이 존재하지 않습니다. 왜냐하면 그들은 '지금 있는 것'과 대립하는 개념적인 '나'와 더 이상 씨름하지 않기 때문입니다. 분리된 '나'는 초월됩니다. 의식조차 초월됩니다. 그것이 바로 해탈한 사람입니다. 그는 착각의 무지에서 해방되었습니다. 이것이 전체인 의식에 미치는 영향은 어마어마합니다. 한 사람이 참나를 깨달을 때마다, 전체인 의식이 진화하기 때문입니다.

질문 그러면 다른 영역들이 열리는 겁니까?

대답 모든 영역들은 표면적인 것입니다. 정신적 영역이나 영적 영역이 아무리 미묘할지라도, 그것들은 모두 겉모습입니다. 당신이 참된 자기 자신으로 깨어날 때는 모든 겉모습을 넘어서게 됩니다. 궁극적으로는 어떤 영역도 다른 영역보다 조금도 더 낫지 않습니다. 모든 영역은 겉모습이며, 따라서 환영(幻影)입니다. 깨달음이 깊어지는 것은 말로 표현할 수 없는 것입니다. 우선 자기 자신이 누구인지 발견하십시오. 그러면 자신이 무한한 바다 속에 잠기는 것을 발견할 것입니다. 당신은 마치 깊은 잠을 자면서도 완전히 알아차리면서 활동하는 것과 같을 것입니다.

질문 우리가 '직접적인 길'이라 부르는 것은, 개인적인 자기를 정화하는 것이 아니라, 그런 자기가 아예 존재하지 않는다는 사실을 분명히 밝히는 방편을 사용하는 것 같습니다. 어떻게 해야 그런 방편의 목적을 잊어버리지 않을 수 있을까요?

대답 직접적인 길의 모든 방편은 단지 그 방편을 '수행하는 자'를 잘라 내고 그의 토대를 허물기 위한 것이라는 점을 명심하면 됩니다.

———

당신이 어떤 영적 길을 걸었고 어떤 가르침을 따랐든지, 그것들은 당신을 길도 없고 가르침도 없는 곳으로 돌아오게 해야 합니다. 참된 가르침은 스스로를 불사르는 맹렬한 불길과 같습니다. 그 가르침은 당신을 불사를 뿐만 아니라, 자기마저도 불사릅니다. 모든 것이 불살라져 재가 되어야 하고, 그 재마저도 불살라져야 합니다. 그런 뒤에야, 오직 그런 뒤에야 '궁극적인 것'을 깨닫게 됩니다.

—

질문 "무엇이 해탈인가?"라는 의문이 스스로 소진되어 버리는 지점이 있습니까?

대답 해탈이 성취되면 "무엇이 해탈인가?"라는 의문은 더 이상 남아 있지 않습니다. 오직 근원적인 열려 있음만이 있습니다.

질문 그 열려 있음에서 경이로움이 나옵니까?

대답 열려 있음이 바로 경이로움입니다.

—

참된 깨달음은 깨달음을 파괴합니다. 당신이 다시 자기를 가리키면서 "나는 깨달았다."라고 말하는 한, 당신은 깨달은 것이 아닙니다. 깨달음은 오로지 깨달은 사람이 남아 있지 않을 때만 참된 것입니다. "나는 아무도 아니다."라는 한마디 말조차 너무 많은 말입니다.

—

자유롭기 위해서는 자유에 대한 집착을 포기해야 한다는 것을 직관적으로 깨닫는 순간이 있습니다. "아직도 그것이 거기 있는가? 나는 괜찮은가?" 당신은 이렇게 자문하는 것을 그만두어야만 합니다. 그리고 자신이 자유로운지, 자신이 자유롭다는 것을 다른 사람들이 아는지 살펴보기 위해 어깨 너머로 돌아보지 않겠다고 결심해야만 합니다. 그저 자신이 불살라지도록 놓아두어야 합니다. 무슨 일이 있어도.

이것은 제가 도와드릴 수 없는 일입니다. 당신이 어떻게 해야 하는지 말씀드릴 수는 있지만, 당신이 직접 그렇게 해야 합니다. 처음에는 선생들이 많은 도움을 줄 수 있습니다. 그러나 더욱 깊이 들어갈수록, 그들이 할 수 있는 것은 오로지 가리키고, 분명히 이해하도록 도와주고, 어떻게 해야 하는지 말해주는 것뿐입니다. 오직 당신만이 걸음을 내디딜 수 있습니다. 아무도 당신을 이 자리로 밀어 넣을 수 없습니다.

그것은 보리수 아래에서 지낸 부처의 마지막 밤과 같습니다. 그는 이 상황에 직면하여 어떻게 하였습니까? 그는 손을 내밀어 땅에 대고 "나는 움직이지 않겠다."라고 말했습니다. 그에게 덤벼들 수 있는 모든 것이 덤벼들었지만 그가 여전히 움직이지 않았을 때, 마침내 다 끝이 났습니다. 그는 결코 뒤를 돌아보지 않았습니다.

—

참된 자기 자신으로 깨어나기 전에는

수많은 말과

무수한 영적 체험도

충분하지 않을 것입니다.

깨어난 뒤에는

한마디 말조차 너무 많습니다.

10

스승과 제자의 관계

~

갈망은 자유의 씨앗입니다.
제자는 토양이고, 스승은 내리는 비입니다.
해탈은 수확입니다.

스승의 현존이 당신의 내면에 들어오도록 정말로 허용하면, 당신이 모습으로 있는 스승과 함께 있지 않을 때에도 그 현존은 당신과 함께 머물 것입니다. 스승의 현존은 언제나 당신과 함께할 것이며, 그 현존에게서 가르침이 계속 주어질 것입니다. 이것을 일러 가르침의 전수(傳授, transmission)라고 합니다. 일단 전수가 이루어지도록 허용하면, 모든 일은 저절로 일어납니다. 그러나 당신은 자기의 마음과 두려움을 신뢰하는 것 이상으로 그것을 신뢰해야만 합니다.

—

질문 삶에서 영적 스승의 역할은 무엇입니까?
대답 자기 자신으로 있는 것입니다. 그것이 바로 스승의 가르침입니다. 참된 영적 스승은 어떤 역할도 수행하지 않는 보기 드문 존재입니다.

질문 그렇다면 영적 제자의 역할은 무엇입니까?

대답 영적 제자의 역할은, 가급적 빨리, 영적 제자의 역할을 끝마치려고 하는 것입니다.

—

제가 하는 말을 그저 듣지만 말고,

제가 하는 말을 당신의 내면에서 느껴 보십시오.

제가 하는 말을 느끼는 것이 가장 중요합니다.

그것을 느낌으로써 그것을 넘어가게 될 것입니다.

—

질문 스승을 존경하고 신뢰하는 것과, 스승에게는 오류가 있을 수 없다고 믿는 것 사이의 경계선은 어디입니까?

대답 스승이 오류를 범할 수 없는 양 믿지는 마십시오. 이런 미숙한 투사(投射, projection)[16]는 구도자들이 스스로 책임지는 것을 회피하기 위한 수단으로 하는 짓입니다. 분별력 없이 행동해서는 안 됩니다. 만일 그렇게 한다면, 그것은 그들 자신의 잘못입니다. 성숙한 존경과 신뢰는 언제나 받을 만해야 받는 것입니다. 만일 제자가 존경과 신뢰를 즉각 준다면, 이는 미숙할 뿐만 아니라 위험하기까지 한 행위입니다. 그런 행위는 제자가 진리를 추구하고 있는 것이 아니라, 실제로는 어머니나 아버지 같은 존재—그들에게 무엇을 해야 할지 말해 주고, 진리가 실제로 무엇인지 알지 못하는 불안감을 덜어 주는 사람—를 찾고 있다는 표시입니다.

—

질문 책임감 있는 제자들조차 어찌할 수 없는, 불가피한 투사들도 있는 것 같습니다. 그저 이것을 알아차리는 것 외에, 제자가 이 문제를 어떻게 처리할 수 있을까요?

대답 제자는, 스승의 도움으로, 먼저 그 투사를 알아차리거나

---

16 투사는 방어기제의 일종으로, 개인 자신의 흥미와 욕망들이 다른 사람에게 속한 것처럼 지각되거나 자신의 심리적 경험이 실제인 것처럼 지각되는 현상을 말한다.

인식할 필요가 있습니다. 많은 제자들은 스승이 이런 투사를 지적하는 것을 바라지 않습니다. 왜냐하면 그럴 때 그들은 스스로를 불안감으로부터 보호하기 위해 사용하던 가장 소중한 환상을 빼앗기기 때문입니다. 그러니 먼저, 마음을 열고 투사를 투사로 볼 수 있어야 합니다. 참된 스승이라면 어떤 이유로든 의도적으로 투사를 이용하지 않을 것입니다. 만일 제자가 투사에 집착하고 그 투사에서 어떤 일시적인 유용성을 발견한다면, 그것은 그 자신의 행위입니다. 참된 스승은 단순히 있는 그대로의 자신으로 있을 뿐, 투사 게임에 끼어들지 않습니다. 참된 스승은, 당신이 투사를 하든 안 하든, 당신을 대하는 태도를 전혀 바꾸지 않는다는 것을 당신은 알게 될 것입니다. 만일 스승이 태도를 바꾼다면, 최대한 빨리 그를 떠나십시오.

―

영적 스승에게서 편안함을 추구하지 말고,

진리 그 자체만을 구하십시오.

―

대다수 사람들은 삿상에 와서 제가 하는 말을 수동적으로 듣기만 합니다. 그들에게는 차라리 팝콘과 콜라를 주어 극장으로 보내는 편이 좋을 것입니다. 그 편이 돈도 적게 들고 좌석도 더 편안하기 때문입니다.

―

질문 그렇다면 우리는 왜 삿상에 와야 하는 겁니까?

대답 왜냐하면 당신의 가슴이 활짝 열리기를 원하고, 당신의 마음이 부서지기를 원하며, 당신이 자유를 위해 죽을 준비가 되어 있기 때문입니다.

―

질문 라마나 마하리쉬는 그의 가르침 대부분을 침묵 속에서 전했으며, 당신도 저를 이런 방식으로 가르치고 있다는 것을 알고 있습니다. 어떤 식으로든 가르침이 말없이 제게 전해지고 있습니다. 그렇지만 종종 말은 제 마음이 이해하도록 돕는 데 중요한 역할을 합니다. 말 없는 가르침과 말로 전하는 가르침을 비교해 주시겠습니까?

대답 말로 전하는 가르침은 당신으로 하여금 자신에 대한 더 깊은 진실들을 향하게 하고, 지적인 맥락을 제공하여 마음이 푹 쉴 수 있도록 하기 위한 것입니다. 말로 전하는 모든 가르침의 궁극적인 목적은 이렇게 마음이 편히 쉬도록 하는 것입니다. 말 없는 가르침은 현존에서, 침묵에서 일어나며, 말을 포함할 수도 있고 포함하지 않을 수도 있습니다. 이런 가르침은 가장 강력하면서도 심오하며 더욱더 깊은 침묵 속으로 인도합니다. 당신이 스승과 함께하는 목적은 우선 스승의 현존과 가르침을 당신 자신 속에 내면화하려는 것입니다. 마침내 스승의 내적 현존이 당신과 어우러져 하나 되기 시작합니다. 그러면 스승의 현존이 처음부터 당신의 참나였다는 사실을 진정으로 알게 됩니다. 스승의 모습에 집착하거나 당신이 가지고 있는 스승의 이미지를 내면화하는 것은 불필요할 뿐더러 어리석기까지 한 행위입니다. 저는 스승의 현존에 대해 말씀드리고 있습니다. 그 현존이 당신을 참나로 데려갑니다.

—

질문 가장 빠르고 완전하게 에고를 끝내기 위해 제자가 영적 스승을 활용하는 가장 효과적인 방법은 무엇입니까?

대답 스승은 그저 당신 앞에 서 있는 사람에 불과한 것이 아닙니다. 그것은 스승의 모습일 뿐입니다. '스승'이라 불리는 그 모습을 움직이고 있는 것은 바로 스승의 참나입니다. 당신의 (진짜) 스승은 '스승'이라 불리는 모습을 움직이고 있는 그것임을 아십시오. 모습을 움직이는 그것은 무엇입니까?

당신 자신을 포함하여 모든 모습을 움직이고 있는 궁극의 원리를 발견하기 위해 스승이라 불리는 모습을 활용하십시오. 그런 다음 그 궁극의 원리를 당신 자신의 참나로, 존재하는 모든 것으로 보십시오.

—

질문 어떻게 하면 투사가 없는 헌신을 순수하게 표현할 수 있을까요?

대답 진정한 헌신에는 투사가 없습니다. 그렇지 않다면 그런 헌신은 환상에, 하나의 이미지에 헌신하고 있는 것입니다. 이것은 숭배라는 말로 더 잘 알려져 있습니다. 숭배는 당신의 머리 위에 또 하나의 머리를 올려놓는 것입니다. 이것은 순전히 무지이며, 더욱더 많은 분리를 일으킵니다. 헌신은 합일 또는 하나임을 직관적으로 알아차리는 데서 나옵니다. 이 하나임은 위대한 헌신과 사랑의 근원일 수 있습니다. 그러나 만일 헌신을 하는 동안 당신이 헌신의 대상과 분리되어 있는 것처럼 느껴진다면, 당신은 숭배의 무지 속으로 떨어진 것입니다.

―

이 생에 태어나기 전에 나는 모든 권력을
포기하기로 결심했습니다.
사랑만으로 살아가는 법을 존재들에게 보여 줄 수 있도록.

―

질문 스승에게서 제자에게 전해지는 전수에 관해 많이 들었습니다. 그것은 거의 모든 전통에 있더군요. 전수란 무슨 의미입니까? 무엇이 전수되는 것입니까?

대답 참된 스승은 당신 마음속의 공간을 열어 주는 사람입니다. 만일 당신이 다른 모든 것으로부터 주의를 거두어들여 그 공간과 하나가 되면, 당신은 그 의식으로서 깨어납니다. 이 공간이 바로 참된 스승의 선물입니다. 그것은 열린 문이지만, 당신은 반드시 그 문을 직접 통과해야만 합니다. 스승이 일깨워 준 당신 내면의 공간에 온전히 내맡기십시오. 참된 스승이 전수해 주는 것은 텅 비어 있음(空)입니다. 그것에 온전히 내맡길 때 존재의 무한한 충만함을 발견할 것입니다.

질문 자신이 누구인지를 깨닫는 데 스승의 전수는 얼마나 큰 역할을 합니까?

대답 스승이 하는 모든 말은 단지 마음이 푹 쉬어서 전수가 들어올 수 있도록 하려는 것입니다. 전수는 가르침입니다. 전수는 불길을 전해 주는 것입니다. 전수의 불길이 당신의 가슴속에서 완전히 불붙어 타오를 때, 그것이 바로 깨달음입니다.

질문 전수란 무엇입니까?

대답 전수는 하나의 불가사의입니다. 전수는 스승이 통제하거나 조작하는 것이 아니며, 의도하지도 않는 것입니다. 전수는 저절로 일어납니다. 그것은 헤아릴 수 없는 자기만의 지혜를 가지고 있습니다.

질문 그것은 샥티(shakti)[17]와 같은 것인가요?

대답 아니요. 샥티는 영적인 사탕입니다. 많은 영적 구도자들은 스승의 샥티, 그의 에너지에 집착하게 됩니다. 그러나 진정한 전수는 어떤 체험이나 감정, 상태가 아닙니다.

―

진실한 제자는 진실한 스승을 발견하고,

진실한 스승도 진실한 제자를 발견합니다.

그 둘은 마치 상자와 그 뚜껑처럼 함께 조화를 이룹니다.

―

질문 어떤 제자들은 스승이 특정한 방식으로 행동하거나 반응

---

17 영적인 힘 또는 에너지. 기본적으로는 우주를 창조하고 유지하는 신성한 우주적 힘을 가리킨다. 수행 등을 통해 얻어지는 어떤 능력이나 에너지를 가리키는 용어로 쓰이기도 한다.

하기를 바랄 때 스승과 타협을 하게 되는 것 같습니다. 이 주제에 대해 듣고 싶군요.

대답 진정한 스승은 타협하지 않습니다. 진정한 스승은 지고의 진리를 분명히 드러냅니다. 그것이 그의 유일한 관심사입니다. 스승이 되비추는 진리를 통해, 제자들은 자기 내면 어디에서 진리와 타협하고 있는지를 볼 기회를 갖게 됩니다. 자유롭기 위해서는 모든 타협이 종결되어야만 합니다.

—

질문 진정한 스승을 어떤 태도로 대해야 '깨어남'이라는 비개인적인 과정에 가장 효과적일까요?

대답 올바른 태도란 더 이상 낭비할 시간이 없다고 하는 태도입니다. 이 말은 모든 것이 '바로 지금'을 지향해야 한다는 의미입니다. 올바른 태도란 내일 일어나는 깨어남과 같은 것은 없다는 태도입니다. 내일은 결코 오지 않습니다. 때는 바로 지금입니다. 당신은 진지해야만 합니다. 우리가 가져야 할 가장 유익한 태도는 진지함과 성실함입니다.

질문 자신이 진정한 스승을 만났는지 여부를, 그 스승이 평생의 스승인지 여부를 어떻게 알 수 있을까요?

대답 자신의 스승을 만났다는 사실을 알려 주는 것은 결코 마음이 아닙니다. 그것은 직관의 문제입니다. 그것은 어떠한 감정이나 느낌을 넘어선, 하나의 앎입니다. 그것은 그냥 "그래, 이 사람이 그 사람이야." 하고 아는 것입니다. 당신이 자기의 진정한 스승을 발견했다면, 그 발견은 시간의 바깥에 있습니다. 그것은 전 생애에 걸쳐 계속되는 일과는 관련이 없습니다. 진정한 스승은 시간에 대한 당신의 환상에 종지부를 찍고, 그래서 내일은 더 이상 고려의 대상이 되지 않습니다. 참된 제자는 스승에게 충성심이나 의무감으로 묶여 있는 대신, 사랑과 존경으로 결속되어 있습니다.

질문 스승에 대한 충성심이 방해가 됩니까?

대답 진정한 스승은 제자의 충성심을 필요로 하지 않습니다. 충성심은 사랑과 신뢰, 존경심의 대용품에 불과합니다. 이런 것들이 없다면 어떤 스승과도 함께할 이유가 없습니다. 충성심은 아무런 역할도 하지 못합니다.

질문 제자에게도 그런가요?

대답 제자들에게도 충성심은 필요하지 않습니다. 그들에게는 진지함과 성실함, 그리고 용기가 필요합니다. 진정한 스승은 오로지 당신에게 가장 좋은 것만을 원합니다.

———

질문 대부분의 제자들은 스승이 제자들보다 더 많이 깨어 있거나 더 많이 알아차리고 있다고 믿습니다. 이렇게 믿고 있다면, 어떻게 제자가 스승에게 집착하거나 의지하지 않을 수 있겠습니까?

대답 스승과 제자의 관계는 정확히 바로 이 환상을 제거하기 위한 것입니다. 대부분의 제자들은 모종의 의존성을 가지고 영적 스승에게로 옵니다. 당연한 일입니다. 그렇지만 스승과의 관계가 이러한 의존성에 바탕을 두고 있다면, 그런 관계는 실패하게 마련입니다. 엄마에게 의지했던 어린아이가 나중에는 그 의존성을 극복하며 성장하는 것처럼, 제자는 맨 처음부터 영적 스승에 대한 의존성을 극복하며 성장하려고 노력해야만 합니다. 이것은 매우 미묘하고 까다로운 과정입니다. 그

171

러므로 제자는 매우 진지해야 하고, 스승은 매우 분명해야 합
니다.

⌒

나는 알 수 없는 불가사의의

'알 수 없음'입니다.

당신이 만일 어떤 것을 알기 원한다면

다른 곳으로 가십시오.

만일 모든 것을 알지 않기(un-know)를 원한다면

앉아서 귀를 기울이십시오.

당신 내면의 침묵은

당신의 지식이 무너지는 소리입니다.

기억하세요,

"나는 자유롭고 싶다."고 말한 사람은

바로 당신입니다.

11

관계에 대하여

진정한 관계는
둘이나 그 이상의 존재들 사이에
일어나는 일이 아닙니다.
진정한 관계는
하나임이 그 자신과 춤을 추는 것입니다.

관계라는 주제를 생각할 때, 우리의 사고를 인간 사이의 관계로만 한정하지 않고, 삶 전체와의 관계까지 포함하도록 넓히는 것이 중요합니다. 에고의 제한된 관점에서 보면, 관계는 언제나 대상들 사이의 관계, 다시 말해, 개인적인 '나'와 나 아닌 무엇의 관계입니다. 대다수 사람들은 깨어난 관계가 무엇인지 생각할 때 처음에는 이런 제한된 관점으로 생각합니다. 그렇지만 깨어난 관계가 무엇인지를 알려면, 분리된 개체로서의 에고의 실체에 반드시 의문을 제기해야 합니다. 왜냐하면 우리가 자신을 분리된 에고로 인식하는 한, 다른 사람들 및 삶 전체와의 깨어난 관계는 불가능한 채로 남아 있을 것이기 때문입니다.

질문 제가 삶과 어떻게 관계하는지를 생각해 보면, 제가 일상의 도전들을 피하고 싶어 한다는 것을 알아차리게 됩니다. 저는 깨달음을 얻어서 삶이 더 편해지기를 바랍니다.

대답 자유롭기를 원한다면, 어떤 것도 회피하지 말아야 합니다. 많은 구도자들은 영적 수행을 자기의 많은 모습을 회피하기 위한 수단으로 이용합니다. 이럴 때의 문제는, 당신이 무언가를 회피하고 있는 한, 당신은 진리 안에서 살고 있지 않다는 것입니다. 당신은 진리를 회피하고 있습니다. 진리를 회피하면서 깨닫게 된 사람은 이제껏 아무도 없었습니다.

자유롭기를 원한다면, 자기 자신과 자기의 삶을 있는 그대로 마주해야만 합니다. 영성이나 영적 체험을 그 뒤에 숨기위한 것으로 이용하지 마십시오. 자기 자신의 일부나 일상적인 삶을 회피하는 한, 아주 심오한 영적 체험과 계시조차 당신에게는 지속적인 영향을 거의 주지 못할 것입니다. 단순히 삶을 초월하려고만 하지 말고, 당신이 바로 삶 전체라는 사실을 깨달으십시오. 당신이 바로 삶 그 자체입니다.

질문 영적 체험들과 어떻게 관계하는 것이 올바른 관계입니까?

대답 영적 체험들에 관해 중요한 점은 그것들과 어떻게 관계하느냐 하는 것입니다. 두 사람이 동일한 체험에 대해 아주 다르게 관계할 수 있습니다. 한 사람은 심오한 영적 체험의 결과로 자유로워질 수 있는 반면, 다른 사람은 길들여진 오랜 습관과 집착, 에고에 매달릴 수 있습니다. 모든 것은 당신이 '알 수 없는 것' 속으로 뛰어들어, 그 불가사의하면서도 소중한 상태에서 살아가려는 당신의 준비와 의지에 달려 있습니다.

질문은 이것입니다. 신이 당신 문 앞에 와서 문을 두드릴 때, 당신은 모든 것을 포기할 준비가 되어 있는가? 신성(神性)에게 완전히 내맡기고 완전히 놓아 버리려는 이런 의지가 당신이 궁극적으로 얼마나 자유로워질 수 있는지를 결정합니다. 당신이 무엇을 붙잡고 있든지 그것이 바로 당신의 감옥이 될 것입니다. 은총이 찾아올 때는 가슴과 마음, 몸과 영혼을 온전히 그 은총에 바치십시오. 그것이 저의 조언입니다. 바로 '지금' 스스로 물어보십시오. 나는 준비되어 있는가?

정말로 자유롭고자 한다면, 자신의 감정적, 심리적 욕구를 채우기 위해 다른 사람들에게 집착하거나 혐오하거나 의존하는 데에서 벗어나기를 정말로 원해야만 합니다. 이것은 많은 구도자들에게 참으로 쉽지 않은 과제입니다.

———

질문 상대방이 자유를 향하도록 의식적으로 지원하는 친밀한 관계가 가능할까요?

대답 '지원'이라는 말이 '상대방이 자유로워지도록 돕는' 의미라면, 그것이야말로 진리에 토대를 둔 관계의 본질입니다. 하지만 많은 사람들은 진리에 대한 헌신과 열정의 부족을 보상받기 위한 목적으로 타인과의 관계에서 지원받기를 추구합니다. 이것은 지원을 가장한 의존성이지만, 많은 영적 구도자들이 도반(道伴)들에게 요구하는 것은 이것입니다. 왜냐하면 그들은 아직 자기 안에서 그런 헌신과 열정을 발견하지 못했기 때문입니다. 진리와 관련하여 지원은 아무것도 쥐고 있지 않은 손과 같습니다. 원한다면 누구나 펴 볼 수 있습니다. 그것은 보상이 아닙니다.

진리에 기반을 둔 관계, 다시 말해 의존성과 요구 사항이 없는 관계는 즐거운 교제에 중점을 둔 관계입니다. 그것은 함께하는 것 외에는 다른 이유가 없는 서로 하나 됨입니다.

"다른 사람이 누구인가?"라는 의문을 깊이 탐구해 들어가면, 다른 사람이 바로 자기의 참나라는 것을 직접 경험할 수 있습니다. 사실, 다른 사람은 없습니다. 하지만 제가 그동안 지켜본 바로는, 대다수 구도자들의 경우, 이런 계시를 경험하더라도 그들이 사람들과 관계하는 고통스러운 개인적 방식들이 변형되지는 않았습니다.

　이 심오한 변형에 이르기 위해서는, 다른 사람이 없다는 경험적 계시에 담긴 의미들을 아주 깊이 탐구해야만 합니다. 그러나 대부분의 구도자들은 이런 의미들을 일상적인 생활에 적용하지는 못합니다. 왜 그럴까요? 왜냐하면 기본적으로 대부분의 사람들은 분리된 채로 있으면서 계속 통제하기를 바라기 때문입니다. 간단히 말해서, 대부분의 사람들은 자신이 특별하고 독특하며 분리되어 있다는 꿈을 계속해서 꾸고 싶어 합니다. 그들은 아직 깨어나기보다는 분리된 채로 남아 있기를 더 원하며, '알 수 없는 것'의 완벽한 하나임으로, 전체로부터 어떤 분리의 여지도 남기지 않는 그것으로 깨어나기를 원하지 않습니다.

———

누군가가 당신을 방해하고 있다고 여기는 한, 당신은 자신의 해탈을 전적으로 책임지고 있는 것이 아닙니다. 해탈이란 다른 사람이나 삶에게 당신을 행복하게 해 달라고 요구하지 않는 것을 의미합니다. 자기 자신이 바로 자유라는 사실을 발견할 때, 당신은 행복하기 위해 충족되어야 하는 조건들과 필요사항들을 더 이상 내세우지 않게 됩니다. 모든 조건들과 필요사항들을 완전히 내려놓을 때, 해탈은 있는 그대로의 당신 자신임이 밝혀집니다. 그러면 당신에게서 흘러나오는 사랑과 지혜가 다른 사람들을 자유롭게 해 주는 효과를 발휘합니다.

질문 우리는 서로의 성장을 돕고 미처 알아차리지 못하는 맹점을 극복하기 위해서 서로의 잘못을 드러낼 책임이 있지 않을까요?

대답 관계의 목적은 자기의 문제를 잘 해결하도록 도움 받는 것이라고 생각하는 사람들이 많습니다만, 저는 관계가 지향하는 바가 그것이라고는 생각하지 않습니다. 제 생각에 당신의 문제를 해결하는 것은 당신 자신의 몫이지 관계의 몫이 아닙니다. 당신은 스스로 해결해야 합니다. 당신은 혼자서 자유를 찾아야 하고, 혼자서 '연인'(the Beloved, 참나를 가리킴)을 찾아야 합니다. 그 일은 당신에게 달려 있습니다. 당신이 이 점을 분명히 이해할 때, 관계가 꽃을 피울 수 있습니다. 그렇지 않으면 여러분은 항상 자기의 문제를 해결하기 위해 서로를 이용하게 되고, 두 사람은 둘 다 목적을 위해 이용되는 수단이 될 뿐입니다. 저는 당신의 허섭스레기를 지적하고, 당신은 나의 그것을 지적합니다. 그리고 우리는 그것이 좋은 일인 양 행동합니다.

모든 것이 하나라는 진실을 깨닫는 것은 개인적인 자아와 개인적인 타인들이라는 꿈을 꾸다가, 다른 사람이 없다는 깨달음으로 깨어나는 것입니다. 모든 존재가 절대적인 하나임을 언뜻 깨달은 영적 구도자들은 많지만, 그 계시에 내재한 수많은 도전적인 함의들에 어울리게 살아갈 수 있거나 기꺼이 살아가려고 하는 사람은 극소수입니다. 다른 사람이 없으며 모두가 하나라는 계시는, 정말 개인적인 것처럼 보이는 모든 것이 궁극적으로는 비개인적인 본성이라는 깨달음입니다. 대다수 구도자들은 이러한 깨달음을 개인적 관계의 무대에 적용하는 데 큰 어려움을 느낍니다. 많은 구도자들이 절대인 참나의 자유 속에서 완전히 쉬지 못하는 가장 큰 이유는 이것입니다.

질문 몹시 우울해하던 친구와 막 대화를 끝내고 나서는 제가 대화를 이끈 방식에 기분이 좋았습니다. 하지만 지금은 제 기운이 다 빠져나가 버린 것 같습니다.

대답 당신은 우울감이 문제라고 보았습니까?

질문 예. 그것이 그녀에게는 문제로 보였습니다.

대답 진리는 이런 종류의 개인적 상황들을 인식하는 매우 객관적인 방식을 가지고 있습니다. 왜냐하면 진리는 항상 다른 무엇이 아닌 진리만을 추구하기 때문입니다. 진리는 좋은 기분을 추구하지 않으며, 진리를 추구합니다.

질문 저도 당신이 그랬을 법한 방식으로 대화를 이끌긴 했는데, 문제는 당신에게는 우울감이 그냥 지나쳐 갔겠지만 제게는 그렇지 않았다는 점입니다. 그렇지 않았다면 제가 진이 빠진 느낌이 들지는 않았을 겁니다.

대답 그것이 저를 그냥 지나쳐 가는 까닭은 그것이 문제가 아니라는 사실을 제가 알기 때문입니다. 그리고 저는 그 사람을 돕는 데 투자하지 않습니다.

질문 하지만 당신은 돕겠지요.

대답 저의 반응은 도와주려는 동기에서 나오는 것이 아니라, 참나에서 나올 것입니다. 참나는 진리를 찾습니다. 참나가 바로 진리이며, 진리는 그 자신을 찾습니다.

당신이 다른 사람을 상대할 때, 중요한 것은 동기입니다. 만일 동기가 진리를 위한 것이라면, 그 동기는 순수하기 때문에 당신은 진이 빠진 듯한 느낌이 들지 않습니다. 그렇지만 동기가 의식적이든 무의식적이든 진리를 위한 것이 아니라 돕기 위한 것이라면, 거기에는 사람의 진을 빼 놓는 끈적거림이 있습니다. 그 일을 되돌아보세요. 당신의 동기는 순수하고 집착이 없는 것이었습니까?

질문 진이 빠진 것을 보면 그렇지 않았던 것 같습니다. 분명 어떤 집착이 있었을 겁니다.

대답 그 집착은 바로 결과에 대한 당신의 투자였습니다. 결과에 개인적으로 투자하지 않는다면, 피로하지 않을 것입니다.

—

질문 상가(sangha, 영적 공동체)의 역할은 무엇입니까?

대답 저는 상가가 어떤 역할을 가지고 있다고 생각하지 않습니다. 상가에 어떤 역할을 요구하는 것은 부당한 요구라고 생각됩니다.

질문 영적 구도자와 상가의 관계는 무엇입니까?

대답 영적 공동체와의 관계든 다른 개인과의 관계든, 관계 속에서 발견될 수 있는 자유가 있는데, 이 자유 안에서 어떤 개인보다 훨씬 큰 무언가가 태어납니다. 그것은 진리의 현존 안에서 꽃피어 나는 친밀함입니다. 이 깊은 친밀함은 우리가 하나임을 경험하는 수단이 될 수 있습니다. 어떤 사람들에게는 이 깊은 친밀함이 믿을 수 없을 정도로 분명한 반면, 다른 사람들에게는 불신과 두려움을 일으키는 원인이 됩니다. 참된 친밀함은 언제나 분리감을 위협합니다.

———

질문 제 아이들이 개인적인 자아를 자기라고 믿으면 고통 받을 수밖에 없는데, 어떻게 하면 그러지 않게 할 수 있을까요?
대답 아이인 것이 문제가 아닌 것과 마찬가지로, 그것은 문제가 아닙니다. 우리는 어른이 되면 과거를 돌아보면서 "이런, 어린아이 시절은 완전히 시간 낭비였어!"라고 말하지 않습니다. 우리는 어린 시절을 뒤로하고 떠나지만, 그것이 잘못이었다고 생각하지는 않습니다. 개인적 자아는 우리가 맞서 싸울 상대가 아니라, 단지 뒤로하고 넘어서야 하는 것일 뿐입니다. 불행히도, '나'라는 분리감을 넘어서는 사람은 거의 없습니다. 때가 되면 당신의 아이는 '나'라는 감각에 의문을 갖기 시작할

185

것입니다. 이 탐구가 당신의 아이에게 계속 열려 있게 하려면, 먼저 그것이 당신의 내면에서 계속 열려 있고 살아 있게 하십시오.

———

질문 '관계'라 불리는 제3의 존재에 대해 말씀하신 적이 있습니다. 그것이 무엇인지 말씀해 주시겠습니까?

대답 제3의 존재란 두 사람이 자아 없는 관계를 할 때 빛을 발하는 '하나임'을 말합니다. 관계는 더 이상 주된 초점이 아닙니다. 대신에 관계의 매 순간을 향기롭게 하는 하나임이 중요해집니다. 진정한 관계는 이 하나임을 이끌어 낼 뿐 아니라, 다른 무엇보다 그것을 위해 이루어집니다. 그러므로 여러분이 진정으로 만나고 있을 때, 빛을 발하는 것은 하나의 본질입니다.

질문 저는 많은 사람이 모여 있는 무리에서 모두가 하나라고 느끼곤 했는데, 그 느낌은 무리마다 조금씩 다르더군요. 이 하나임은 제가 알아차린 것과 같은 경험인가요?

대답 제가 '하나임'이라고 말할 때, 저는 한 무리의 사람들이 공유하고 있을지도 모를 하나라는 느낌에 대해 말하고 있는 것이 아닙니다. 저는 다른 사람들이 바로 나 자신이라는 인식에 대해, 그리고 이 인식에서 일어나는 기쁨과 사랑에 대해 말하고 있습니다.

질문 깨달음은 애정 관계의 성(性)과 사람들 내면의 성적 취향에 어떤 영향을 끼칠 수 있을까요?

대답 깨달음이 시작되면 성관계는 일어날 수도 있고 일어나지 않을 수도 있지만, 그것은 더 이상 관계의 중심이 아닙니다. 하나임이 중심이며, 성생활은 개인들이 얽혀 있는 운명에 따라 지속될 수도 있고 지속되지 않을 수도 있습니다. 그들은 성생활의 내용에 따라 관계를 규정하는 행위를 그만둡니다.

질문 우리들 각자에게는 함께하도록 운명 지어진 사람이 있습니까?

대답 당신이 어떤 사람과 함께할 운명이라면, 그렇게 될 것입니다. 왜 그런 문제로 신경 쓰십니까?

질문 희망을 갖기 위해서 그러는 것 같습니다.

대답 자기의 행복을 다른 사람들과 결부시키지 마십시오. 당신 자신 안에 풍족한 행복이 있습니다. 희망 없음의 밑을 살펴보면서 자기 자신의 근원을 발견하십시오. 자기의 참나를 찾게 되면 다른 모든 것은 저절로 보살핌을 받을 것입니다.

———

질문 저는 어떤 스승과 깊이 연결되어 있었고 내면에서 만족하고 있었습니다. 그런데 아무런 계획이나 의도도 없이 저절로 금욕적인 독신 생활을 하게 되었습니다. 이것은 관계나 인간적인 성생활로부터 도피하는 것일까요? 나중에 제가 갑자기 육체적이고 관능적인 욕구를 다시 느낀다면, 저는 사랑과 그것이 주는 충만한 만족감을 떠나게 되나요?

대답 모든 일에는 알맞은 때와 장소가 있습니다. 어느 때에는 자연스럽게 금욕적인 독신 생활을 할 수 있고, 다른 때에는 금욕적이지 않은 생활을 할 수도 있습니다. 둘 다에는 나름의 목적이 있을 수 있으니 좋다 나쁘다 판단할 필요는 없습니다. 금

욕 생활을 하느냐 마느냐는 전혀 중요하지 않습니다. 부정하
지도 탐닉하지도 말고, 그저 당신의 본성을 따르십시오. 이것
이 최선의 행동 방침입니다.

———

질문 지구 환경과 인류의 관계에 대한 당신의 생각이 궁금합
니다.

대답 환경 문제에 대한 희망은 환경 운동가의 손안에 있지 않
습니다. 그들은 그저 환경을 파괴하는 사람들의 반대편에 있
을 뿐입니다. 그들은 일종의 폭력을 지속시키는 장본인들인
데, 우리로 하여금 환경을 파괴하도록 만드는 근원은 바로 이
폭력입니다. 환경 문제에 대한 희망은, 당신에게 반대하는 이
들을 포함한, 모든 존재와 모든 것이 바로 당신 자신이라는 깨
달음 속에 있습니다. 당신의 통찰력과 자비심이 당신에게 반
대하는 사람들을 포함할 만큼 충분히 커지기 전에는, 당신은
단지 파괴가 지속되도록 하는 데 기여하고 있을 뿐입니다. 분
리를 끝내는 것이 곧 모두를 구원하는 것입니다.

12

물을 수 있는 용기

~

계속해서 철저하게 질문하십시오,
그 묻는 자가 완전히 사라질 때까지—
한때 '나'라고 불리던 굳건한 환상이 있던
일시적인 밑그림만 남긴 채.

🌿 대다수 사람들은 숨겨진 믿음들, 생각들, 가정들을 가진 채로 영적 스승과 가르침을 접하게 되는데, 그들은 무의식적으로 그런 믿음들이 맞다는 것을 확인받고 싶어 합니다. 그들은 이러한 믿음들에 기꺼이 의문을 제기할 수 있지만, 거의 언제나 낡은 개념들을 새로운, 더 영적인 개념들로 대체합니다. 그러고는 그 새로운 개념들이 옛 것들보다 훨씬 더 진실하다고 생각합니다.

마음을 넘어선 깊은 영적 체험과 깨어남을 경험한 사람들조차 대부분은 계속해서 미신적인 생각들과 믿음들에 매달려 있습니다. 이것은 이미 알려진 것, 일반적으로 받아들여진 것, 예상에 부합하는 것이 주는 안정감을 붙잡으려는 무의식적인 노력입니다. 내적인 형태로든 외적인 형태로든 이렇게 안정감을 얻기 위해 붙잡으려는 행위가 깨달음의 관점을 제한하며,

모든 고통과 혼란의 원인인 내면의 분열된 상태를 지속시킵니다. 당신이 바로 깨어 있음 그 자체라는 사실에 완전히 깨어나려면, 안정감을 느끼고 싶어 하는 대신에 진리를 알고 싶어 해야만 합니다.

가르치기 시작한 지 얼마 지나지 않았을 때, 저는 거의 모든 사람이―그들의 지각을 왜곡하고 영적 탐구의 범위를 제한하는―수없이 많은 미신적 생각과 믿음들을 가지고 저를 만나러 온다는 사실을 알아차렸습니다. 가장 놀라웠던 점은, 심지어 깊고 심오한 영적 깨어남을 체험한 사람들조차도 체험의 깊이와 참된 깨어남의 표현을 몹시 제한하는 미신적인 생각과 믿음들에 계속 집착한다는 사실이었습니다. 시간이 흐르면서 저는 자기의 참된 본성은 물론, 세상과 다른 사람들, 그리고 깨달음 자체에 관한 온갖 생각과 믿음들에 의문을 제기할 수 있는 용기를 낸다는 것이 대다수 구도자들에게 얼마나 까다롭고 어려운 일인지를 이해하기 시작했습니다.

거의 모든 사람들, 모든 종교, 모든 단체, 모든 가르침, 그리고 모든 스승에게는 공공연히 또는 암암리에 의문을 용납하지 않는 생각과 믿음들, 그리고 가정들이 있습니다. 이런 의심받지 않은 믿음들은 미신들을 감추고 있을 때가 많은데, 이런 미신들은 진실하지 않고 모순된 것을 보호하거나, 깨닫지 못한 가르침과 행동을 정당화하는 데 이용됩니다.

깨달음이라는 과제는 단순히 깨어 있는 상태를 일별하는 것도 아니고, 그런 상태를 지속적으로 경험하는 것조차 아닙니다. 그것은 당신이 깨달음 자체로 존재하는 것이며, 깨달음을 자기 자신으로서―세상에서 활동하는 방식으로―표현하는 것입니다. 그러기 위해서는 어떤 미신적인 믿음이든 그 뒤에 숨지 말고 걸어 나와야만 하며, 모든 믿음에 의문을 제기하는 용기를 발견해야만 합니다. 그러지 않으면 당신은 계속해서 미신들에 집착할 것이며, 그런 미신들은 늘 깨어 있는 '그것'에 대한 당신의 지각과 표현을 왜곡할 것입니다.

어떤 믿음도, 어떤 개념도 진실이 아닙니다.

그것들을 모두 내던져 버리고

침묵의 불길이

당신을 불살라 깨어 있게 하십시오.

감사의 말

이번 판과 이전 판들에 도움을 주신 모든 분에게 진심으로 감사드린다. 지나 레이크, 줄즈 하우젠, 마야 아폴로니아 로데, 묵티 그레이, 줄리 도노번은 편집을 해 주었다. 다이앤 케이는 앞표지 사진을, 래리 그레이는 뒤표지 사진을 맡아 주었다. 표지 디자인은 수잔 커츠, 마야 아폴로니아 로데, 엘리자베스 로즈가 수고해 주었다. 지나 레이크, 해리엇 힐커, 도나 랜드맨, 마유르 스타인버그, 돈 마주르, 비베카 피츠시몬스는 녹취를 해 주었다. 개럿 프라나우와 마르크 포터는 업무 진행을 맡아 주었다.

역자 후기

총 12장으로 구성된 《완전한 깨달음》은 저자인 아디야샨티가 삿상에서 한 법문과 대화에서 발췌한 가르침을 모은 것이다. 이 책은 그의 가르침을 담은 여러 책들 가운데 첫 번째 저서이자, 그의 가르침 전반을 한눈에 살펴볼 수 있는 가장 대표적인 저서라 할 수 있다. 전체적인 구성은 흡사 '선의 십우도'를 연상시키듯, 자기탐구 또는 깨달음의 전 과정을 총망라하고 있다.

1장인 '자유롭고 싶은 충동'은 우리 식으로 표현하자면, '깨달음을 위한 발심'이라 할 수 있으며, 2장에서는 공부 과정에서 느끼는 불확실함과 막막함에 대해 자세히 다루고 있다. 그리고 3~5장에서는 명상 수행과 같은 유위적 행위가 어째서 자연스러운 깨달음에 방해가 되는지 잘 설명해 주고 있다.

6장에서는 깨달음의 체험과 깨달음 자체를 이야기하고, 7~9장까지는 깨달음 이후의 공부 과정에 도움이 될 만한 내용이 들어 있다. 특히 이 부분은 흔히 선에서 돈오점수(頓悟漸修) 내지는 오후보임(悟後保任) 공부에 해당하는 내용으로 깨달음의 체험을 한 이들에게는 매우 중요한 가르침을 담고 있다.

　　10~11장은 영적 단체 내부의 인간관계나 세속 생활 속에서 영적 탐구와의 관계 문제를 다루고 있다. 12장은 어찌 보면 가장 중요한 내용이라 할 수 있는데 가장 간략한 장이다. 시작점이 끝이고, 끝이 다시 영원한 시작점이 되는 이 공부 길에서 모든 것에 의문을 제기할 수 있는 용기, 진리를 향한 구도자의 순수한 자세를 강조하고 있다.

　　오늘날 우리의 현실은 나날이 발전하는 물질적 세계에 비해 영적 영역에 있어서는 여전히 전근대적 무지와 몽매함에서 벗어나지 못하고 있다. 짧고 간략하지만 너무나 귀중하고 핵심적인 가르침을 담고 있는 이 책이, 신비주의의 안개와 미신의 어둠 속에서 헤매는 우리나라의 많은 구도자들에게 훌륭한 길라잡이 역할을 할 수 있기를 바란다.

2015년 봄이 오는 길목에서

부산 금정산 계명봉 아래 사는

심성일 쓰다.